Peter Walser
Wendepunkt Gesundheit

Peter Walser

Wende ● Gesundheit

Das Handbuch für deine Gesundheit

Finde mit über 350 Redewendungen und der
Astrologie Gedankenanstösse für
deinen Wendepunkt.

Aktiviere deine Selbstheilung

Impressum

Bibliografische Information der Deutschen Nationalbibliothek: Die Deutsche Nationalbibliothek verzeichnet diese Publikation in der Deutschen Nationalbibliografie; detaillierte bibliografische Daten sind im Internet über http://dnb.dnb.de abrufbar.

© 2025 Wendepunkt Astro

Lektorat: Corina Monstein, Jürg Wickart
Korrektorat: Corina Monstein, Jürg Wickart
Mitwirkende: Daniela Burlet (Covergestaltung), Kai Walser (Portrait, Zeichnung)

Verlag: BoD · Books on Demand GmbH, Überseering 33, 22297 Hamburg, bod@bod.de

Druck: Libri Plureos GmbH, Friedensallee 273, 22763 Hamburg

ISBN: 978-3-8192-4608-1

Inhaltsverzeichnis

Impressum 4

Inhaltsverzeichnis 1

Vorwort 1

Dankbarkeit 4

Astrologie und Künstliche Intelligenz 8

Planeten, Tierkreiszeichen, Häusersysteme, Aspekte 9

  Planeten in der Übersicht 10

    Die Sonne ☉ (Löwe) 10

    Der Mond ☽ (Krebs) 10

    Der Merkur ☿ (Zwillinge und Jungfrau) 11

    Die Venus ♀ (Stier und Waage) 11

    Der Mars ♂ (Widder und Skorpion) 11

    Der Jupiter ♃ (Schütze und Fische) 11

    Der Saturn ♄ (Steinbock und Wassermann) 11

    Der Uranus ♅ ♅ (Wassermann) 11

    Der Neptun ♆ ♆ (Fische) 11

    Der Pluto ♇ ♇ ♇ ♇ (Skorpion) 11

    Der Chiron ⚷ (Jungfrau) 11

  Tierkreiszeichen in der Übersicht 12

    Widder ♈ 12

    Stier ♉ 12

    Zwillinge ♊ 12

    Krebs ♋ 13

    Löwe ♌ 13

Jungfrau ♍ 13

Waage ♎ 13

Skorpion ♏ 13

Schütze ♐ 14

Steinbock ♑ 14

Wassermann ♒ 14

Fische ♓ 14

Häusersystem in der Übersicht.....................................15

Was ist der Aszendent? 16

Was sind Aspekte? 16

Die Deutung eines Horoskops für Laien und Anfänger 18

Astrologie und Gesundheit..20

Akut oder chronisch 22

Polarität im menschlichen Körper 23

Das Gesetz der Polarität 23

Archetypische Eigenschaften...24

Archetypische Eigenschaften und Gesundheit................25

Vorgehensweise..26

Emotionale Ebene 29

Mentale Ebene 29

Spirituelle Ebene 29

Physische Ebene 30

Zusammenfassung 30

Die wirkliche Selbstheilung..30

Redewendungen als Fragen formuliert 31

Arme..32

Atemwege (innere) 33

Augen 35

Bänder und Sehnen 39

Becken 42

Beine 43

Blase 44

Blut 47

Brust 49

Darm 52

Eierstöcke 52

Ellbogen 52

Finger 54

Füsse 56

Fussgelenk (auch Sprunggelenk) 58

Galle/Leber 60

Gebärmutter 61

Gesäss 63

Haare 65

Hände 67

Handgelenk 70

Hals/Halswirbelsäule 71

Hals/Nacken/Genick 72

Hals/Rachen 74

Haut 76

Herz 78

Hoden 82

Hüfte/Hüftgelenk 83

Kiefer 84

Knie(gelenk) 85

Knochen 88

Kopf 90

Leber...94

Lippen 95

Lunge 96

Magen/Darm/Verdauung 96

Mund...99

Muskulatur..100

Nägel 102

Nase...104

Nervensystem 106

Niere 107

Oberarme 107

Oberschenkel 108

Ohren/Gehör..109

Ohren/Gleichgewicht 111

Rücken 112

Schulter...114

Schultergelenk 115

Sprunggelenk..116

Unterarm 116

Unterschenkel 117

Wirbelsäule..118

Zähne..120

Zehen..122

Zunge..122

Weiterführende ergänzende Körpersignale 124

   Entzündungen 124

   Unfall 124

Aktivierung der Selbstheilungskräfte 126

Das Häusersystem der Astrologie 130

   1. Haus 130

   2. Haus 131

   3. Haus 132

   4. Haus 133

   5. Haus 134

   6. Haus 135

   7. Haus 135

   8. Haus 136

   9. Haus 137

   10. Haus 138

   11. Haus 139

   12. Haus 140

Literaturverzeichnis: 141

Vorwort

Wir bekommen täglich Signale und Informationen von unserer Seele, doch nehmen wir diese auch wahr? Verstehen wir die Sprache der Seele noch? Oder haben wir diese verlernt bzw. gar nie mehr richtig erlernen dürfen?

"Geh Du vor", sagte die Seele zum Körper, "auf mich hört er nicht. Vielleicht hört er auf Dich."

"Ich werde krank werden, dann wird er Zeit für Dich haben", sagte der Körper zur Seele.

Dieses Zitat von Ulrich Schaffer (*1942) ist ein Hilferuf an dich. Wenn es so weit gekommen ist, dass der Körper sich melden muss, damit die Bedürfnisse deiner Seele erkannt werden, ist es an der Zeit hinzuhören bzw. hinzusehen. Der Hilferuf deines Körpers gibt dir jetzt klar ein Zeichen, dass und wo du hinschauen solltest.

In der Zwischenzeit hat auch die moderne Schulmedizin zumindest teilweise anerkannt, dass die meisten aller Krankheiten ihren Ursprung in der Psychosomatik haben. Aus meiner Sicht und mit meinen Erfahrungen bin ich überzeugt, dass wir bei fast allen Krankheiten den Ursprung im emotionalen oder geistigen Bereich finden. Es gibt Krankheiten, mit denen ich noch nie konfrontiert wurde und deshalb keine Erfahrungen damit habe. Darum im vorletzten Satz das «fast». Ich bin hingegen der festen Überzeugung, dass uns der Körper Signale sendet wie Unwohlsein oder Gesundheitsprobleme, wenn wir nicht auf die Sprache unserer Seele hören. Er zeigt uns damit, dass wir in einer Art und Weise denken und handeln, welche uns selbst schadet. Ignorieren wir diese Symptome, wird unser Körper klarer in der Sprache und macht uns so krank, dass wir nicht mehr darum herumkommen, uns mit uns selbst auseinanderzusetzen. Sollten wir selbst dies ignorieren, kann es gut sein, dass eine lenkende Energie dafür sorgt, uns durch einen Unfall wieder auf die richtige Spur zu bringen.

Der schnellste Weg, wie du Erkenntnisse sammeln kannst, ist über deine Emotionen. Nach jeder gemeisterten emotionalen Lebenssituation, nach jeder bewussten Genesung, bei der du dich mit deiner Thematik auseinandergesetzt hast und nach jeder noch so schwierigen Situation in deinem Leben gehst du gestärkt in deine Zukunft. Deine Zeit mit dir, während der du dich mit dir auseinandersetzt, ist dein Weg zu deiner Selbstheilung. Es braucht eine Bewusstseinsveränderung von dir und die Bereitschaft, dich auf neues Terrain zu begeben.

Ich möchte dir hiermit zeigen, dass du dir ganz viel Leid ersparen kannst, wenn du auf dich hörst, dich spürst, in dich hineinfühlst und deiner Intuition folgst. Manchmal sind die rationalen Entscheidungen nicht unbedingt diejenigen, die deiner Seele gefallen oder deinem Seelenplan entsprechen.

Mit der Astrologie durfte und darf ich mir Wissen aneignen, welches mir meinen Horizont derart erweitert, dass ich mich sogar an dieses Buch wage. Es schreit in mir, meine Erkenntnisse und mein Wissen zusammenzuführen und auf möglichst einfache Art und Weise dir zur Verfügung zu stellen, damit du möglichst gesund durchs Leben gehen darfst. Es kann sein, dass deine Themen tiefgründiger sind, als dass ich dir mit diesem Buch helfen könnte. Hör in dich hinein und spüre, was dein Bedürfnis ist. Möchtest du einen Arzt oder Naturarzt aufsuchen oder möchtest du therapeutische Hilfe in Anspruch nehmen? Möchtest du eine professionelle, astrologische Beratung bekommen? Folge deiner Intuition, sie wird dich leiten.

Ich berufe mich in diesem Buch auf die klassische (tropische), westliche Astrologie und verweise auf die Literatur im Literaturverzeichnis.

Ich möchte darauf hinweisen, dass dieses Buch **keinen** Arzt, Naturarzt oder dergleichen ersetzen kann. Es gibt Momente im Leben, da dürfen und müssen wir der Schulmedizin dankbar sein für ihre Erfahrungen und Erkenntnisse und die Möglichkeiten, wie sie Menschen helfen kann. Die Entscheidung, wann dieses Wissen in Anspruch genommen werden soll, liegt im Ermessen jedes einzelnen Menschen.

Dankbarkeit

Schon früh in meinem Leben musste ich – damals war es noch ein Müssen. Heute weiss ich, dass es ein Dürfen war – lernen, Verantwortung zu übernehmen und Situationen zu meistern, die mich herausforderten. Die Bedürfnisse der Menschen standen für mich dabei stets im Vordergrund.

Viel Schönes, viel Lehrreiches durchgemacht und dabei Erfahrungen gesammelt, Freude erlebt und auch anderes - viel gelernt.

Mit meinem Erfahrungsrucksack, meinen verschiedenen Ausbildungen in Reiki, als Naturarzt und mit meinem Abschluss zum Dipl. Astrologen L.A.S.® habe ich ein reichhaltiges Geschenk der Erkenntnisse und vor allem der astrologischen Zusammenhänge bekommen.

Der Lebenssteg ist grenzenlos. Darauf zu gehen, ohne ins Wasser zu fallen, sondern nur ab und an nasse Füsse zu bekommen - das ist mein Weg.

Mein tiefster und grösster Dank gilt all meinen «Lehrern», die mich in meinem Leben dahin gebracht haben, wo ich heute stehen darf. Ein besonderer Dank gilt meiner Ausbildnerin und Neuzeitastrologin Regina Casanova der LEBEN+ASTROLOGIE-SCHULE L.A.S.®. Dank Regina darf ich mit der Verbundenheit zur Astrologie, der Spiritualität und dem Universum mein Leben glücklich und voller Reichtum an Weisheiten leben. Regina lehrte mich das Wissen zu verstehen, dass ...

«... wir sein müssen, bevor wir etwas tun können. Je klarer wir erkennen, was wir sind, desto erfolgreicher können wir uns durch unser Leben bewegen. Was wir sind, hängt davon ab, was wir denken.»

Metaphorisch aus "The Master Key System"

Einleitung

Die Beschäftigung mit der Gesundheit des Menschen prägt mich seit je her. Mein Bedürfnis, mit diesen Worten ein Handbuch als Hilfestellung für alle zu schreiben, liegt an meinem 12. Haus Mond im Wassermann. Meine Chiron-Merkur Konjunktion im Widder hilft mir, all meine Ausbildungen und Erfahrungen über Naturheilkunde, Selbstheilung, Geist und Kommunikation zu vereinen und die Erkenntnisse, das Wissen, meine Visionen und die Astrologie in diesem Buch zusammenzuführen und zu veröffentlichen.

Mit dem ersten Abschnitt in diesem Buch möchte ich dir aufzeigen, wie eine Deutung eines Horoskops sein kann. Es ist nur ein kleiner Einblick, was unter anderem mit der Astrologie aus einem Horoskop herausgelesen werden kann. Über den Weg der persönlichen Gesundheit kann die Astrologie jedoch schnell zu einem festen und alltäglichen Bestandteil deines Lebens werden. Es kann aber auch sein, dass dieses Buch dir im ersten Augenblick nicht weiterhelfen kann, beziehungsweise dass du anstehst und nicht mehr weiterkommst. Dann empfehle ich dir eine astrologische Beratung mit einer ausgebildeten Astrologin oder einem ausgebildeten Astrologen deines Vertrauens.

Ich möchte mit diesem Buch ein einfaches Nachschlagewerk mit Gedankenanstössen für jedermann anbieten. Die Astrologie – es spielt keine Rolle, ob du daran glaubst oder nicht, denn sie ist so oder so da – kann dir helfen, deinen richtigen Weg zu finden. Die religionsunabhängigen universellen Gesetze gelten für alles Leben auf dieser Erde und leiten dich durch dein Erdendasein. Weisheiten und Redewendungen bringen Klarheit in dein Leben.

Mit «Wendepunkt Gesundheit» möchte ich dir zeigen, wie du die Zeichen deiner körperlichen Energien astrologisch deuten kannst. Sie werden dich auf einen neuen Weg bringen und es werden sich für dich neue Türen und Wege öffnen.

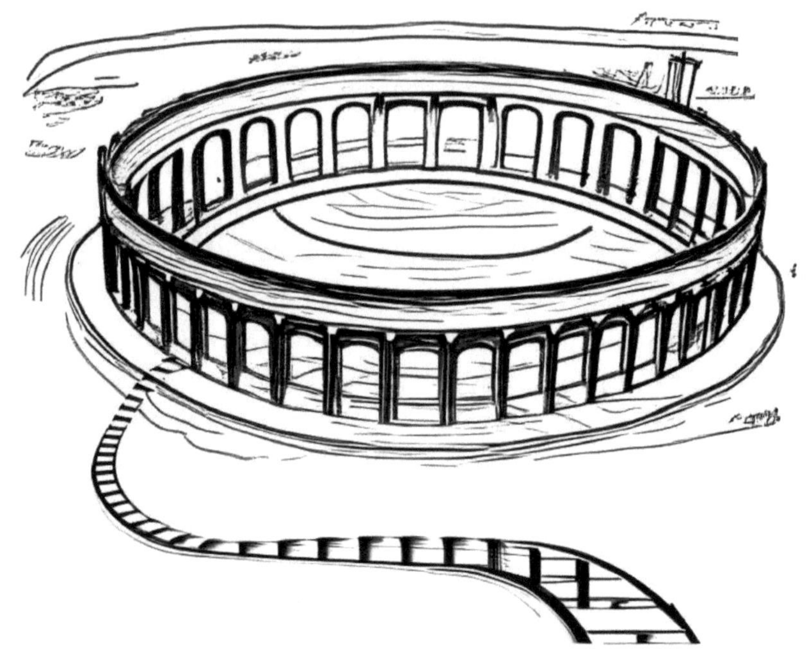

Ich bin mir sicher, dass dieses Nachschlagewerk ein regelmässiger Beglei-
ter sein darf und freue mich, dass es auch dich in deinem Leben unterstützen wird, denn sonst hättest du dieses Buch nicht erworben. Für dein
Vertrauen möchte ich mich bei dir herzlichst…

… be**DANKE**n.

Astrologie einfach erklärt

Bereits vor mehr als 4000 Jahren hat die Astrologie die Menschheit fasziniert und in ihren Bann gezogen. Aus Beobachtungen wurden Mythen und Geschichten und die Planeten wurden als Götter gesehen. Über all die Zeit bis heute hat sich die Astrologie enorm entwickelt. Das geht so weit, dass man heute sogar schon von der psychologischen Astrologie oder von psychologischen Horoskop-Analysen spricht. Aber was genau ist eigentlich Astrologie?

Astrologie (abgeleitet aus dem Griechischen "astron" = Stern und "logos" = Geist) ist eine Erfahrungswissenschaft. Diese legt dar, dass nebst Erbanlagen und Umwelteinflüssen auch der Zustand des Sonnensystems bei der Geburt eines Menschen dessen Wesen und Charaktereigenschaften prägen. Eine weitere Rolle spielen die aktuellen Konstellationen der Planeten sowie deren Beziehungen zu den (Lebens-)Umständen, die ganz individuell auf uns wirken.

Als Grundlage eines Horoskops werden Datum, Zeit und Ort einer Situation, einer Person (Geburt) oder einer Institution (Gründung) benötigt. Kombiniert, unter anderem mit dem aktuellen Tageshoroskop, können die Themen astrologisch aufgearbeitet werden.

Die Planeten verändern von Sekunde zu Sekunde ihre Position am Himmel. Dadurch verändern sich auch die Konstellationen von Sekunde zu Sekunde und daraus entstehen neue Energien und Herausforderungen. Wir werden täglich vor neue Herausforderungen gestellt. Dies sind Prüfungen von bestimmten Energien, die aufeinandertreffen. Analog den Konstellationen der Planeten geschieht das auch bei uns Menschen. Die Astrologie basiert auf Erfahrungen. Der Zusammenhang von Geschehenem, im Vergleich zu der zu diesem Zeitpunkt vorherrschenden Planetenkonstellation, ergibt die Auswertung eines Horoskops.

Die Astrologie veranschaulicht nur deine Aufgaben, die du mitgebracht hast. Das Leben an und für sich wird geschrieben, bevor wir unser irdisches Dasein erleben dürfen. Ab und zu kann es sein, dass wir von unserem Weg abkommen und unsere Aufgaben nicht mehr richtig lösen können. Dann kommt die Seele ins Spiel und spricht mit Hilfe des Körpers, damit wir wieder auf sie hören.

Im Internet findest du diverse Anbieter, bei denen du gratis dein persönliches Geburtshoroskop erstellen lassen kannst. Dazu brauchst du keinen Astrologen. Wenn du mehr über dich erfahren möchtest, z.B. was all diese Symbole und Linien zu bedeuten haben oder wie dich dieses Horoskop in deinem Leben unterstützen kann, empfehle ich dir eine professionelle Beratung.

Astrologie und Künstliche Intelligenz

Die Künstliche Intelligenz hat unglaubliche Fortschritte gemacht und kann bereits Sachen erledigen, die wir anfangs des 21. Jahrhunderts niemals in Erwägung gezogen hätten. Die künstlichen Intelligenzen in der Astrologie basieren, wie alles andere in der Onlinewelt, auf Algorithmen. Texte zu analysieren, zu vergleichen, zu adaptieren und zu berechnen ist und bleibt ein Versuch, die Persönlichkeit eines Menschen über die Planetenkonstellationen am Himmelszelt zum Zeitpunkt und Ort der Geburt zu beschreiben.

Ein Computer kann aber nur die einzelnen Puzzleteile eines Horoskops zusammenführen und aus den Komponenten der vorhandenen Informationen einen Text zusammenstellen. Die Vielseitigkeit von Eigenschaften, welche z.B. Planeten zugeordnet werden, oder die Zusammenhänge und Verknüpfungen von Häusern, Planeten und Tierkreiszeichen, können unmöglich von einem Computer in seiner Gesamtheit erkannt werden.

Computeranalysen können niemals die persönliche Horoskop-Beratung eines geübten Astrologen ersetzen. Dieser kann viel flexibler auf die verschiedenen Möglichkeiten der Deutungen zugreifen, da er noch einiges mehr wie z.B. Solar, Personar, Synastrien, Transit, Komposit und die verschiedenen Direktionen zur Verfügung hat und einfliessen lassen kann. Diese Fachbegriffe gehören zum erweiterten, astrologischen Wortschatz und werden in diesem Buch nicht weiter erklärt.

Planeten, Tierkreiszeichen, Häusersysteme, Aspekte

Neben den Eigenschaften der 12 Tierkreiszeichen spielen in einem Horoskop die Planeten und Häuser eine ebenso wichtige Rolle, wenn es um die astrologische Deutung eines Horoskops geht. Die seriöse Deutung eines Horoskops ohne Berücksichtigung und Einbindung der Planeten und des Häusersystems ist nicht wirklich möglich.

Jeder Planet wird einem oder zwei Tierkreiszeichen zugeordnet. Die Verbundenheit und das Zusammenspiel der Planeten und der Tierkreiszeichen sowie der Häuser ergeben erst ein gesamtheitliches Bild eines Horoskops. Ein Planet zeigt dir das «Was» in einem Horoskop an, das Tierkreiszeichen das «Wie» und das Häusersystem das «Wo».

Planeten in der Übersicht

Die nachfolgend aufgelisteten Begriffe zu den Planeten (in der westlichen Astrologie werden die Sonne und der Mond ebenfalls als Planeten bezeichnet und Pluto gehört nach wie vor dazu) und des Asteroiden Chiron geben dir eine Übersicht, unter anderem über die Beziehungen zu den Körperteilen. **Ich möchte darauf hinweisen, dass die Planeten unzählige weitere Themen symbolisieren und die Zuteilungen der Organe bzw. Körperteile nur grob betrachtet werden dürfen.** Körperteile und Organe haben mehrere Aufgaben und werden dementsprechend unterschiedlichen Planetenkräften zugeordnet. Dies alles aufzulisten, würde jedoch den Rahmen in diesem Buch sprengen. Gut ersichtlich wird das dann bei den Redewendungen.

Die astrologischen (auch astronomischen) Symbole helfen dir, dich in deinem Horoskop besser zurecht zu finden. Für einzelne Planeten existieren mehrere Symbole.

Jedem Tierkreiszeichen wird ein Herrscherplanet zugeordnet. Der Planet zeigt dir, **was** das Thema deiner Energie ist und das Tierkreiszeichen, **wie** es sich ersichtlich macht. Der Vollständigkeit halber zeigen dir die Häuser, **wo**, d.h. in welchem Lebensbereich, du dein Thema findest. Dazu findest du mehr Informationen im Abschnitt «Häusersystem in der Übersicht» (S. 15) und «Das Häusersystem der Astrologie» im hinteren Teil des Buches (S. 130 – 140).

Die Sonne ☉ (Löwe)
Herz, Immunsystem, Rücken, Wirbelsäule, Augen

Der Mond ☽ (Krebs)
Weibliche Brust, Lymphsystem, Bauch, Bauchhöhle, Magen, Gebärmutter

Der Merkur ☿ (Zwillinge und Jungfrau)

Arme, Hände, Luftröhre, Stimmbänder, Atemsystem, Bronchien, Lunge, Nervensystem

Die Venus ♀ (Stier und Waage)

Hals, Nacken, Kehlkopf, Rachen, Stimmbänder, Mandeln, Nieren, Haut, Gleichgewichtsorgane

Der Mars ♂ (Widder und Skorpion)

Kopf, Galle, Blut, Abwehrsystem, Muskulatur

Der Jupiter ♃ (Schütze und Fische)

Bauchspeicheldrüse, Leber, Hüfte, Hüftgelenke, Oberschenkel

Der Saturn ♄ (Steinbock und Wassermann)

Skelett, Knochen, Knie, Nägel, Zähne, Haut, Wirbelsäule

Der Uranus ♅ ♅ (Wassermann)

Unterschenkel, Nervensystem, Krampfadern

Der Neptun ♆ ♆ (Fische)

Füsse, Lymphsystem, Hormonsystem

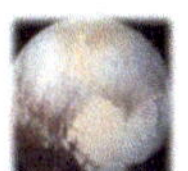

Der Pluto ♇ ♇ ♇ ♇ (Skorpion)

Geschlechtsorgane, Ausscheidungsorgane, Blase, Gene

Der Chiron ⚷ (Jungfrau)

Verdauungssystem, Darm

Tierkreiszeichen in der Übersicht

Die zwölf Zeichen im Tierkreis (Zodiak) befinden sich auf einem etwa 20° breiten Gürtel ausserhalb unseres Sonnensystems.

Die präzisen Zeitspannen sind abhängig von der genauen Geburtszeit und dem genauen Geburtsort. Es kann sein, dass bei einem Neugeborenen das Tierkreiszeichen kurz vor oder nach seiner Geburt gewechselt hat. Dies, wenn zum Beispiel der Wechsel des Tierkreiszeichens 13.30 Uhr stattfindet und die eine Geburt 12.00 Uhr bzw. die andere 14.00 Uhr war. So gesehen können zwei Personen am selben Datum auf die Welt gekommen sein, jedoch unterschiedliche Tierkreiszeichen haben.

Widder ♈ ca. 21.03. - 20.04. Feuer

Der Widder ist ein aktionsorientiertes Tierkreiszeichen – Was ist das Beste für mich? Er ist eine starke Persönlichkeit und lässt sich ungern von anderen führen oder beeinflussen. Mutig, kraftvoll und dynamisch kann er sich durchsetzen und sich behaupten. ICH WERDE!

Stier ♉ ca. 21.04. - 20.05. Erde

Der Stier ist praktisch veranlagt – Welche Strategie ist die beste? Er hat ein starkes Selbstwertgefühl und strebt nach Absicherung. Seine natürliche und ruhige Art bringt ihm Gelassenheit. Er ist ein Genussmensch und liebt die Schönheit. Was er einmal hat, gibt er nicht mehr gerne her. ICH BESITZE!

Zwillinge ♊ ca. 21.05. - 21.06. Luft

Der Zwillinge ist sozial orientiert – Wer ist auch dabei? Er ist kontaktfreudig, sucht das Gespräch und interessiert sich für alles. Seine Kommunikation kann sehr oberflächlich sein. Er denkt sehr viel und möchte alles wissen. Er ist sehr neugierig und kann kaum ruhig sein. ICH DENKE!

Krebs ♋   ca. 22.06. - 22.07.   Wasser

Der Krebs ist emotional – Wie geht es meinen Liebsten? Er ist sehr besorgt um seine Nächsten und kümmert sich fürsorglich um alles. Er liebt die Geborgenheit und ist nah am Wasser gebaut. Seine Intuition und seine Mütterlichkeit machen ihn zum Familienmenschen. ICH FÜHLE!

Löwe ♌   ca. 23.06. - 22.08.   Feuer

Der Löwe ist aktionsorientiert – Was ist das beste Resultat für mich? Er ist selbstbewusst und sucht die Bühne, auf der er sich zeigen kann. Sein Selbstvertrauen und seine Willenskraft sind gross. Er hat gute Führungseigenschaften und liebt das Leben. Seine Kreativität und seine Talente möchte er am liebsten selbst darstellen. ICH BIN!

Jungfrau ♍   ca. 23.08. - 22.09.   Erde

Die Jungfrau ist praktisch veranlagt – Welche Strategie ist die beste? Sie analysiert, bringt Ordnung und ist arbeitsam. Trotzdem bleibt sie bescheiden und genügsam. Ein korrekter Lebensstil ist ihr genauso wichtig wie die Gesundheit. Sie hat heilende Fähigkeiten, vor allem in der Naturmedizin. ICH ANALYSIERE!

Waage ♎   ca. 23.09. - 22.10.   Luft

Die Waage ist sozial orientiert – Wer ist auch dabei? Ihr ist eine liebevolle Partnerschaft wichtig. Sie ist harmoniebedürftig und kann keinen Streit ertragen. Allein sein fällt ihr schwer. Sie ist charmant, natürlich und friedliebend. Sie möchte es allen immer recht machen. ICH WÄGE AB!

Skorpion ♏   ca. 23.10. - 21.11.   Wasser

Der Skorpion ist sowohl emotional als auch aktionsorientiert – Wie geht es meinen Liebsten? Was ist das beste Resultat für mich? Bei ihm dreht sich alles um Leben und Tod, Sexualität und die Psychologie. Er ist der

Inbegriff für die Transformation. Er kann sich sehr gut und energisch durchsetzen. ICH BEGEHRE!

Schütze ♐   ca. 22.11. - 21.12.   Feuer

Der Schütze ist sozial und aktionsorientiert – Wer ist auch dabei? Was ist das beste Resultat für mich? Er liebt das Reisen, die Bildung und Philosophie und möchte immer mehr von allem. Er ist glücklich, fröhlich, lebensfroh, optimistisch und positiv und er ist immer tolerant gegenüber anderen und anderem. ICH PHILOSOPHIERE!

Steinbock ♑   ca. 22.12. - 19.01.   Erde

Der Steinbock ist praktisch veranlagt – Welche Strategie ist die beste? Er ist der Hüter der Moral und der Gesetze. Seinen Erfolg erreicht er durch Leistung, Fleiss und harte Anstrengung. Er ist sehr zielbewusst. ICH BEHÜTE!

Wassermann ♒   ca. 20.01. - 17.02.   Luft

Der Wassermann ist sozial orientiert – Wer ist auch dabei? Er ist anders, individuell und unkonventionell, er ist unabhängig und frei. Er wandelt sich plötzlich und liebt die Veränderung und Neuerungen. Er ist hilfsbereit und immer für andere da. ICH ÄNDERE!

Fische ♓   ca. 18.02. - 20.03   Wasser

Der Fische ist sehr emotional – Wie geht es meinen Liebsten? Er ist eher einsam und verschlossen. Er ist charmant und verzaubert seine Umwelt. Seine Illusionen und Täuschungen kann er selbst kaum wahrnehmen. Er ist sehr sensibel und hat eine starke Intuition. Träumer und Visionär treffen genau auf ihn zu. ICH GLAUBE!

Häusersystem in der Übersicht

Das Kernwissen in der Astrologie bilden die Tierkreiszeichen zusammen mit den Planeten. Sie zeigen das Was bzw. das Wie einer Thematik auf. Das Häusersystem zeigt dir, wo sich die Themen abspielen. Beim Finden des Ursprunges deiner Symptomatik kann das Häusersystem jedoch auch eine wichtige Rolle spielen und dir eine grosse Hilfe sein.

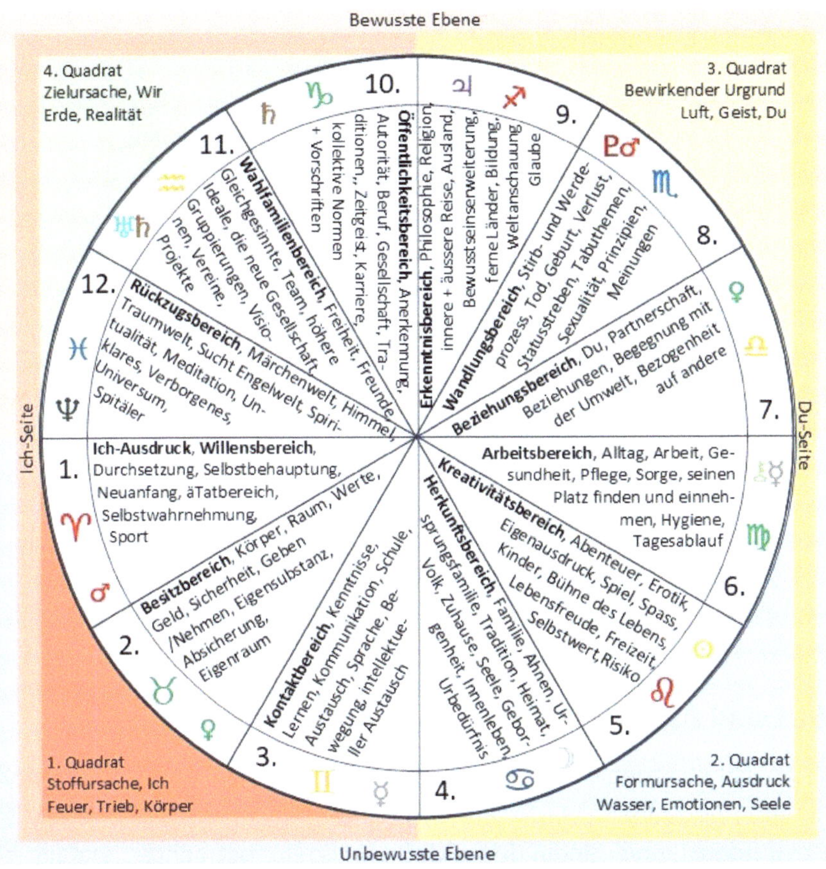

Das Häusersystem werde ich im hinteren Teil des Buches noch genauer erläutern. Da findest du zusätzliche, fundierte und detailliertere Informationen zu den jeweiligen Häusern.

Was ist der Aszendent?

Der Aszendent im Allgemeinen entspricht dem Zeitpunkt der Inkarnation und der Geburt. Die Seele erhält einen Körper oder besser gesagt ein Kostüm für den Auftritt auf dieser Erde. In einem grafischen Horoskop, in dem der Aszendent angegeben wird, liegt dieser auf der linken Seite (9 Uhr) und wird mit AC oder AZ gekennzeichnet.

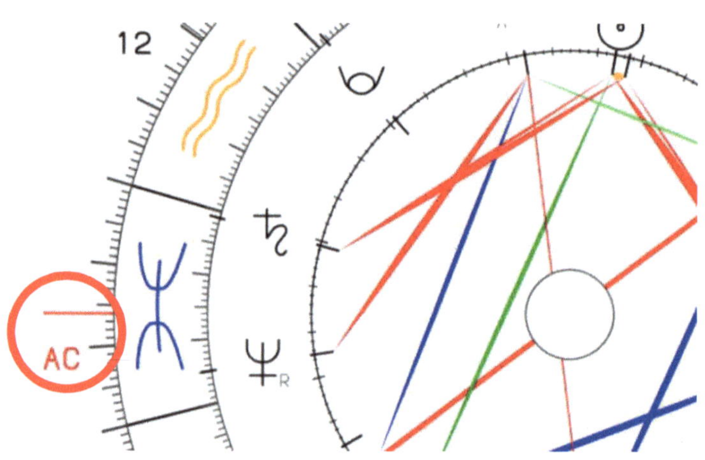

Was sind Aspekte?

Als Aspekte werden die Beziehungen zwischen zwei Planeten oder einem Planeten und einem AC (Aszendent), einem IC (Imum Coeli), einem DC (Deszendent) und einem MC (Medium Coeli) betrachtet. Details zu AC/IC/DC/MC findest du im hinteren Teil des Buches (S. 130 – 140). Die Aspekte werden in einem gezeichneten Horoskop mit farbigen Linien im Inneren des Horoskop-Kreises oder in der Radix dargestellt. Es gibt folgende Aspekte:

Das **Quadrat** – die Planeten stehen in einem 90° Winkel zueinander, die **Konjunktion** – die Planeten stehen nahe beisammen – und die **Opposition** – die Planeten stehen sich genau gegenüber werden meistens rot dargestellt und stellen Herausforderungen, Aufforderungen, Hindernisse aber auch Chancen für Wachstum dar. Sie stehen in einem gespannten, disharmonischen Verhältnis zueinander; bei einer Konjunktion kann es auch harmonisch sein. Sie stehen für Konflikte, Spannungen, Unruhe, Probleme, Krisenphasen, Leistungsphasen, Disharmonie und Gegensätze.

Das **Sextil** – die Planeten stehen in einem 60° Winkel zueinander und das **Trigon** – die Planeten stehen in einem 120° Winkel zueinander werden meistens blau dargestellt und stellen Talente, Fähigkeiten, Hilfen dar, die wir einsetzen können, wenn wir uns deren Kraft bewusst sind. Sie sind harmonisch und stellen die Ruhe wieder her.

Das **Halbsextil** – stellt Aufgaben dar, die Planeten stehen in einem 30° Winkel zueinander oder der **Quinkunx** – steht für Sehnsüchte, die Planeten stehen in einem 150° Winkel zueinander werden meistens grün dargestellt und sind Lern- und Sehnsuchtsaspekte, denen wir uns annehmen können oder eben auch nicht. Sie stehen auch für Such- bzw. Lösungsphasen, für Zweifel und Wechselwirkungen, zeigen die Unruhe auf der Suche nach Problemlösung auf und regen zum Nachdenken an.

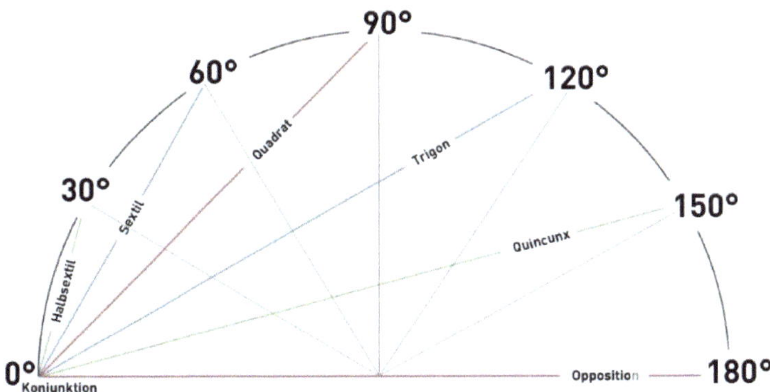

Für die Deutung der gesundheitlichen Themen sind in Bezug auf die chronischen Erkrankungen die roten Aspekte, also die Quadrate, die Oppositionen und die Konjunktionen relevant, da dies Aufgaben sind, die uns in unserem ganzen Leben immer wieder begleiten.

Die Symbole in einer Radix:

Symbol	Bezeichnung	Grad zueinander
☌	Konjunktion	0° Grad
⊻	Halbsextil	30° Grad
✳	Sextil	60° Grad
□	Quadrat	90° Grad
△	Trigon	120° Grad
⊼	Quinkunx	150° Grad
☍	Opposition	180° Grad

Die Deutung eines Horoskops für Laien und Anfänger

Nach Hajo Benzhaf, schriftlich festgehalten von Mario Kertscher

Der Charakter eines Menschen zeigt sich mit der **Sonne im Zeichen** und dieser kann sich am besten im **Haus der Sonne** entfalten.

Das Verhalten, das er nach Aussen trägt und wie er gesehen wird, ist sein **Aszendent**, der durch seine **Planeten** im **1. Haus** ergänzt oder beeinträchtig wird.

Seine Gefühle werden beeinflusst durch das Zeichen, in dem der **Mond** steht, und dieses lebt er am besten im **Haus** des **Mondes** aus.

Er denkt in der Art des Zeichens, in dem der **Merkur** steht und er arbeitet am liebsten mit seinem Verstand in dem **Haus**, in dem der **Merkur** steht.

Das Zeichen der **Venus** offenbart seine Vorstellungen von Liebe, Schönheit und Beziehungen. Dieses Empfinden von Schönheit und Harmonie bringt er am liebsten in das **Haus** der **Venus**.

Er arbeitet und kämpft wie das Zeichen, in dem der **Mars** steht und erduldet oder löst seine Konflikte meistens in dem **Haus**, wo der **Mars** steht.

Wertvoll und imposant findet er die Lebenseinstellung, geprägt durch den **Jupiter** im Zeichen, seine Gaben und seinen Reichtum fühlt er im Bereich des **Hauses**, in dem **Jupiter** steht und bei allem, was **Jupiter** durch seine **Aspekte** berührt.

Schwierigkeiten zu überwinden und sich Prüfungen zu stellen hat er bei dem Zeichen, in dem **Saturn** steht. Seine Grenzen, Hemmungen, Schuldgefühle, aber auch seine grössten Wachstumschancen liegen in dem **Haus**, in dem **Saturn** steht, und durch alles, was **Saturn** mit seinen **Aspekten** berührt.

Er lebt seine Unabhängigkeit und/oder ist ein Standpunktwechsler im Bereich des **Hauses**, in dem **Uranus** steht und bei allem, was **Uranus** mit seinen **Aspekten** berührt.

Tiefe Sehnsüchte, Träume und Erlösungswünsche erlebt er im Bereich des **Hauses**, in dem **Neptun** steht und bei allem, was **Neptun** durch seine **Aspekte** berührt.

Macht und Ohnmacht, Besessenheit und tiefste Wandlung erlebt er im Bereich des **Hauses**, in dem **Pluto** steht und bei allem, was **Pluto** mit seinen **Aspekten** berührt.

Astrologie und Gesundheit

Mir ist es wichtig, dass du dir bewusst bist, dass jedes Individuum als Ganzes betrachtet werden muss. Erst wenn alle Organe und evtl. weitere Körperteile wie die Gewebe (Haut, usw.), der gesamte Bewegungsapparat und das komplette Nervensystem inklusive des Gehirns berücksichtigt werden, ist der Mensch eine Einheit mit seinem ganz persönlichen Tierkreiszeichen, seinen Planeten und seinen Häusern.

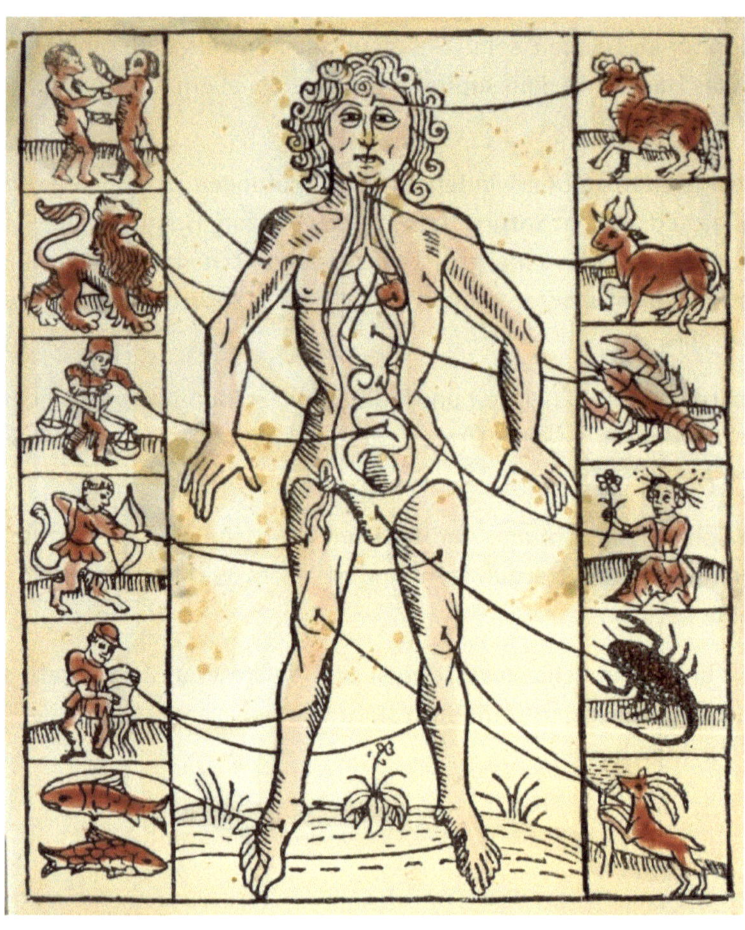

Eine Planeten-Energie in einem Horoskop kann eine Situation bzw. eine Herausforderung hervorrufen, die bewältigt werden muss. Unterdrückst du diese Energie, kann sie zu einer Blockade oder Stauung führen und damit die Psyche unter Druck setzen. Diese Schwächung der Psyche, verbunden mit negativen Emotionen und Gefühlen, kann dann einen Nährboden für eine Krankheit erzeugen.

Jede körperliche Empfindung und jedes Gefühl wird in der Psychosomatik einem Organsystem zugeschrieben. Die stimmige Organzuordnung für jedes Tierkreiszeichen, beziehungsweise die Energie eines Gefühls zu finden, ist daher besonders wichtig. Eine Krankheit oder ein Unfall kann astrologisch nicht vorausgesehen werden. Die Astrologie kann lediglich beim Eintreffen eines Geschehnisses helfen, die Energie zu finden, die dich krank gemacht oder zu einem Unfall geführt hat.

Mir ist es wichtig, dass du dir bewusst bist, dass nicht die Planeten, Tierkreiszeichen, Aspekte oder Häusersysteme über dein Leben entscheiden, sondern immer noch du selbst. Es bleibt immer der freie Wille von dir zu entscheiden, wie und was du denken, machen oder woran du glauben willst. Die Planetenkonstellation während der Geburt stellt lediglich die Energien zur Verfügung. Es bleibt immer dein freier Wille, wie du mit diesen Energien umgehen willst. Deine lenkende Kraft oder Energie schickt dir vielleicht ab und zu mal ein Zeichen, welches dich wieder an deinen Bestimmungsweg, deine Gaben und deine Fähigkeiten erinnert und zeigt dir auf, dass du vielleicht etwas vom Weg abgekommen bist.

Du allein bist der Schmied deines Glückes oder Unglückes. Krankheiten entstehen immer durch die Unterdrückung deiner Lebensenergie. Niemals ist ein Planet oder ein disharmonischer Aspekt schuld an deinem Unglück. Der Planet mit seinen Energien setzt dich nur ins rechte Licht und schenkt dir die nötige Aufmerksamkeit. Wie du damit umgehst und wie du die Situation lösen möchtest, liegt einzig und allein in deiner Macht.

In der Schulmedizin, in der Naturheilkunde und in der Psychologie wird unter anderem von «seelischer» Gesundheit oder «seelischer» Erkrankung gesprochen. Da unsere Seelen unsterblich sind, können diese gar nicht erkranken, sondern nur die Körper, die sie für dieses irdische Leben nutzen. Aus astrologischer Sicht spricht die Seele über den Körper zu dir, wenn du die Seele nicht (er-)hören möchtest oder kannst (siehe Zitat im Vorwort).

Akut oder chronisch

Akute Themen werden durch akute, aktuelle Erkrankungen angezeigt und chronische Erkrankungen sind immer ein Zeichen für langfristige Probleme, die bis anhin nie behoben wurden. Akute Erkrankungen oder akute Themen, die angesprochen werden sollten, können mit der entsprechenden Handlung aufgelöst werden. Ein Transit (Transit = ein vorbeiziehender Planet aus der aktuellen Konstellation bei einem Planeten in einem Horoskop) kann eine Krankheit auslösen oder ist ursächlich an einer Prüfung beteiligt. Ein Transit eines schnell laufenden, persönlichen Planeten wie Sonne, Mond, Mars, Venus und Merkur zeigt dir vielleicht ein kleineres, akutes Thema an, was sich in einer leichten akuten Erkrankung äussert und eine vorübergehende Störung des alltäglichen Lebens darstellt. Akute Themen, die nicht aufgelöst werden können, werden durch das Unterbewusstsein in den Körper verlagert. Da sich die Seele nicht anders zu helfen weiss, macht sie den Körper krank. Der Transit verstärkt lediglich das Problem und sendet einen Hilferuf aus, um dem Problem ein Bild zu geben.

Chronische Erkrankungen zeigen dir an, dass du chronisch auf dem falschen Weg bist und dringend diesen Weg ändern oder verlassen solltest. Eine negative Situation in deinem Leben, die schon lange andauert und die du aus was für Gründen auch immer nicht verändert hast, macht dich chronisch krank, wenn du die Ursache nicht änderst. Chronisch kranke Menschen müssen in ihrem Leben etwas ändern. Sie, und nur sie allein, müssen Entscheidungen für einen oft anderen Weg treffen. Dieser neue Weg kann schmerzhaft, aber niemals so schlimm sein, wie weiterhin an der chronischen Erkrankung zu leiden. Eine Entscheidung zu treffen und sie umzusetzen bedeutet noch nicht, dass das die Selbstheilung ist. Sie ist lediglich das Samenkorn einer Frucht, die irgendwann wachsen darf. Im Horoskop werden diese meist durch die Quadrate und Oppositionen angezeigt. Dies sind Aspekte oder Aufgaben, die dich dein Leben lang herausfordern. Du solltest aber immer das Ziel haben, diese Aufgaben zu meistern. Jede Prüfung, die deine Seele herausfordert, ist lösbar und sollte dich zum Ende hin stärken.

Kein Arzt, kein Heilpraktiker und kein Medikament können dir deine Aufgaben oder Prüfungen abnehmen. Sie können dir lediglich helfen, eine vorübergehende Lösung zu finden und die alarmierenden Symptome zum Schweigen zu bringen.

Polarität im menschlichen Körper

Der menschliche Körper arbeitet über die Polarität. Das Gesetz der Polarität ist ein grundlegendes Gesetz der Existenz, das allem in der natürlichen Welt zugrunde liegt. Das Gesetz der Polarität ist neben dem Gesetz der Anziehung eines der wichtigsten, unumstösslichen und unverzichtbaren Gesetze der Spiritualität. Dieses Gesetz regelt die Beziehungen zwischen Menschen und Gruppen, von Freundschaften bis zu romantischen Partnerschaften und allem, was dazwischen liegt. Diesem Gesetz liegt alles Leben zugrunde. Es ist der Schlüssel zum Verständnis der Energien.

Das Gesetz der Polarität

Alles hat zwei Pole, zwei Seiten, zwei Gegensätze. Universell gesehen sind diese Pole keine Unterschiede, sondern lediglich Zustände von ein und derselben Sache. Gleich und ungleich sind daher dasselbe. Ein und dieselbe Sache hat lediglich zwei Schwingungsebenen. Alles ist bereits vorhanden.

Die Pole «Hass» und «Liebe» sind beide eins – es sind Gefühle. Die Pole «Wärme» und «Kälte» sind beide eins – es sind Temperaturempfindungen. Du kannst über dein Bewusstsein, deine Gedanken und Gefühle bewusst wählen, zu welchem Pol du dich bewegen möchtest. Alles hat immer zwei Seiten. Es kommt auf deine Sichtweise, die jeweilige Zeit oder die Umstände an, zu welcher Energie du dich bewegen möchtest. Du kannst also über dein Bewusstsein, deine Gedanken und Gefühle wählen, zu welchem der beiden Pole du dich hinbewegen möchtest. Passe einfach deine Schwingung entsprechend an.

Alles, was ist, ist eine Ausdrucksform ein und derselben Quelle. Polarität ist in Wahrheit nur eine Illusion.

Dem Gesetz der Polarität unterliegt auch der Mensch samt Körper, Seele und Geist. Die Ganzheit des Qi bilden die zwei Hälften Yin und Yang, welche in der traditionellen chinesischen Philosophie als die Gegensätze bezeichnet werden. Erst die Vermischung der beiden Energien macht Leben möglich. Der Mensch trägt beides in sich und verlangt nach beidem, nach der männlichen und der weiblichen Seite, der rechten und der linken Körperseite und der rechten und linken Gehirnhälfte.

So haben wir alle eine individuelle und unterschiedliche Mischung dieser beiden Seiten und die Verbundenheit dieser Seiten in uns selbst. Dies ermöglicht uns die Ausgeglichenheit und die Gänze eines jeden Einzelnen.

Archetypische Eigenschaften

Linke Seite

Männliches Gehirn: Intellektuelle Steuerung, Verstand, Vernunft (Ratio), Fakten erkennen, benennen, logisch, analytisch, objektiv, verbal gerichtet, geordnet

Weiblicher Körper: Innen, Emotionen, Intuition, Gefühle, Offenheit, Grosszügigkeit, Leere, Kälte, das Weiche, Passivität, Ruhe, Entspannung, Dunkelheit, Langsamkeit, fühlen, erschaffen, entwickeln lassen, wachsen, gebären, Urvertrauen, innere Wahrnehmung, innere Führung, empfangen, nach innen gerichtet sein, passiv sein, innehalten, das Lauschen der inneren Stimme, Hingabe, das Geschehen lassen, loslassen, Gemeinschaft, Kreativität, Inspiration, träumen, geniessen, entspannen, heilen, Parasympathikus, nehmend, empfangend

Rechte Seite

Weibliches Gehirn: Ganzheitliches Denken, Muster-/Gestaltwahrung, Kreativität, Heiligkeit, emotional, fühlend, subjektiv, musikalisch, räumliche Wahrnehmung

Männlicher Körper: Aussen, Energieabgabe, ausführen, planen, umsetzen, Power, Führung, Verantwortung, Kontrolle, kraftvoll, Fülle, Hitze, Aktivität, Spannung, die Härte, Stärke, Gedanken, entscheiden, schützen, handeln, Verstand, kontrollieren, fokussieren, strukturieren, Kraft, Macht, Sympathikus, physische und psychische Stresssituationen, Anspannung, Aktivität, gebend, austeilend

Archetypische Eigenschaften und Gesundheit

Wir können uns also anschauen, ob wir allenfalls ein Muster in uns finden, wenn häufig Schmerzen oder Verletzungen auf der gleichen Körperseite auftreten. Auf der rechten Seite wären dies dann «Männer-Themen» wie männliche Eigenschaften, Vaterthemen, Konflikte mit männlichen Attributen in uns selbst oder sogar tatsächlich mit einem Mann. Auf der linken Seite wären dies «Frauen-Themen» wie weibliche Eigenschaften, Mutterthemen, Konflikte mit weiblichen Attributen in uns oder tatsächlich einer Frau.

Oft hilft diese Hinterfragung bereits, um sich eines Themas bewusst zu werden. Nach dem Erkennen und der Annahme der Thematik darf bereits Selbstheilung einsetzen. Sicher ist es hilfreich, wenn du zusätzlich zu diesen Erkenntnissen tiefer nachfragst und somit den Kernpunkt auffinden kannst. Die Astrologie kann dir dabei helfen. Auch sie kennt männliche Tierkreiszeichen (Feuerzeichen und Luftzeichen) und weibliche Tierkreiszeichen (Erd- und Wasserzeichen). Wer zum Beispiel Sonne im Stier, Aszendent im Krebs und Mond im Skorpion hat, ist einseitig von weiblichen Eigenschaften geprägt.

Vorgehensweise

Du kannst deinen eigenen Weg herausfinden, wie du zu deinen Antworten kommst. Ein möglicher Weg könnte jedoch auch folgender sein:

Du suchst dein schmerzendes, krankes oder sogar verunfalltes Körperteil im Inhaltsverzeichnis und begibst dich dann auf die entsprechende Seite.

Setze dich mit den entsprechenden Fragen auf den angegebenen Seiten auseinander. Zu jedem Körperteil findest du passende Redewendungen, die ich in einer fragenden Version formuliert habe. Dies vereinfacht dir den Zugang zu deinem Thema. Nach den Fragen findest du Erläuterungen zu den astrologischen Zusammenhängen mit dem/den entsprechenden Planeten bzw. Tierkreiszeichen und den Erklärungen der Redewendungen. Es kann sein, dass diese Informationen dich bereits weiterbringen und die Selbstheilung beginnen darf. Es kann aber auch sein, dass du damit zwar weisst, was das Thema deiner Blockade ist, du aber keine Ahnung hast, wie und wo du diese auflösen kannst. Dann können dir die Erklärungen der Redewendungen im Anschluss an die Erläuterungen vielleicht weiterhelfen. Betrachte diese immer auch im übertragenen Sinne.

Im hinteren Teil dieses Buches findest du die Häusersysteme der Astrologie detailliert erklärt und aufgelistet. Diese zeigen dir, wo du allenfalls dein Thema auflösen kannst. Dabei können dir die bei den Fragen angegebenen Planeten helfen. Suche in deinem Geburtshoroskop den Planeten bzw. das Tierkreiszeichen und schaue, in welchem Haus sich dieser/s befindet. In diesem Haus könnte der Ursprung deiner Blockade sein. Hilft dir das noch nicht weiter, empfehle ich dir eine professionelle astrologische Beratung. Diese sieht auch komplexere Zusammenhänge von Planeten, Zeichen und Häusern und die wesentlichen Aspekte deines Horoskops.

Ein Beispiel einer Interpretation eines möglichen Horoskops:

Nachdem du anhand der Redewendungen herausgefunden hast, dass dein Hals dir sagt, dass du z.B. etwas runterschluckst, was du eigentlich sagen solltest, suchst du den Planeten Merkur ☿. Dieser befindet sich in folgendem Beispiel im Tierkreiszeichen Schütze ♐ und am Anfang des 10. Hauses.

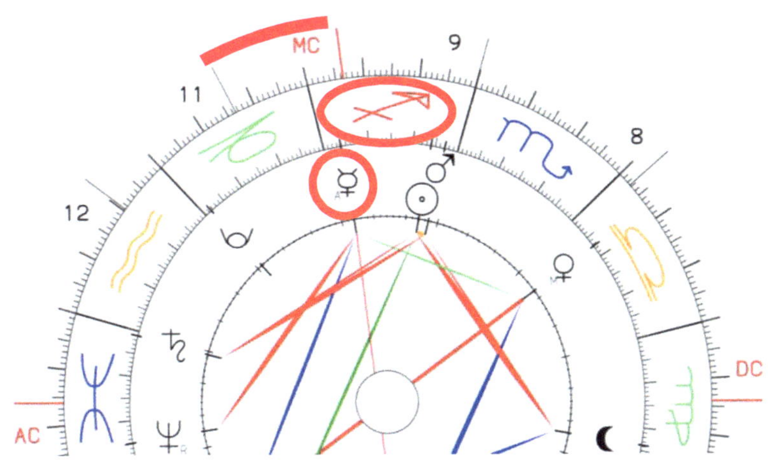

Das 10. Haus steht für die Anerkennung, die Autorität und den Beruf. An der Spitze des 10. Hauses befindet sich der MC, welcher für die Selbstverwirklichung im tätigen Leben steht. Kann es sein, dass es an der Zeit wäre, dass du in deinem sozialen oder beruflichen Umfeld etwas sagen solltest, was du schon lange mit dir rumträgst, du dich aber vielleicht nicht zu sagen traust?

Einsteigende Fragen

Die folgenden Fragen helfen dir, den Einstieg in deine Thematik zu finden. Die Ebenen zeigen dir, dass ein Thema oder eine Blockade immer von allen Seiten betrachtet werden sollte. Nur so kann eine optimale Selbstheilung stattfinden.

Emotionale Ebene

«Wo beeinträchtigt mich meine Blockade in meinem Leben?» Bedürfnisse hat jeder Mensch und die damit verbundenen Wünsche werden durch dein rationales Handeln nicht immer erfüllt. Mit dieser Frage findest du wieder zurück zu deinen wirklichen Bedürfnissen.

Mentale Ebene

«Wie würde mein Leben aussehen, wenn ich diese Blockade lösen könnte?» Die anstehende Blockade verhindert, deine Bedürfnisse und Wünsche zu erfüllen. Diese Frage hilft dir, diese zu entfalten.

Spirituelle Ebene

«Was wäre ich, wenn ich mir diese Wünsche erlauben würde?» Muster und Überzeugungen hindern dich daran, deine wirklichen und tiefsten Bedürfnisse und Wünsche zu leben. Diese Frage öffnet deinen Horizont und zeigt dir deinen Weg zu denselben.

Physische Ebene

«Welche Redewendung beschreibt am besten, was mir mein Körper gerade sagen möchte?» Situationen und Personen bestimmen unser tägliches Leben. Nicht immer finden wir mit dem rationalen Denken den richtigen Umgang damit. Die Redewendungen in diesem Buch können dir helfen, die Mitteilungen deiner innigsten Bedürfnisse zu verstehen.

Zusammenfassung

Durch Fragen an dich selbst kannst du auf eine einfache Art und Weise herausfinden, wo du dir gerade selbst im Weg stehst. Die Einstiegsfragen helfen dir, in alltäglichen Situationen schnell eine Antwort zu finden. Die Antworten auf die körperbezogenen Fragen zeigen dir den genauen Weg, wie du aus deinen Blockaden herausfindest. Es braucht etwas Übung, die richtige Frage zu finden und die richtige Antwort zu sehen. Sobald du den wahren Wert der Fragen erkannt hast, werden sie dich in deinem Alltag ständig begleiten.

Die wirkliche Selbstheilung

Die Antworten sowie die Erklärungen sowohl aus sinnbildlicher als auch aus astrologischer Sicht werden dir zeigen, wie du zur wahren Selbstheilung findest. Es ist wichtig, dass du dir dabei immer selbst verzeihst. Deine Seele und dein Herz brauchen deine ganze und innigste Liebe. Deine äusseren Umstände sind nur ein Spiegel deiner selbst. Werde dir bewusst, wie und was du empfindest, wenn dich dein Aussen herausfordert. Durch dieses Bewusstsein gelangst du zur wirklichen Selbstheilung.

Redewendungen als Fragen formuliert

Bei den Erklärungen über die Zugehörigkeit der Planeten zeige ich dir sowohl die Ansichten aus traditioneller Astrologie nach Hildegard von Bingen aus dem 12. Jahrhundert als auch aus der Neuzeitlichen Astrologie nach Mario Kretscher aus dem 20. Jahrhundert, ergänzt unter anderem mit der Astroiridologie von Dr. F. Verdu. Die Astroiridologie ist die Gegenüberstellung der Astrologie und der Irisdiagnose. Als ausgebildeter Naturarzt erfreut es mich, dass die Vielseitigkeit der möglichen Anamnesen zueinander finden. Die Ergänzung mit der Astrologie ist für mich noch das Tüpfchen aufs I, da Astrologie eine Erfahrungswissenschaft ist, wo sich auch gerade in der Astro-Gesundheit in den letzten Jahrzehnten viel getan hat. Die «Scheuklappen» wurden geöffnet und man hat begonnen zu vergleichen, wo sich Organe und Köperteile in den unterschiedlichen Philosophien der medizinischen Gebiete überschneiden oder wo Ähnlichkeiten auftraten. So werden nun Schritt für Schritt die Erfahrungen ergänzt und erweitert. Das gilt auch für die Astrologie in Bezug auf die Astro-Medizin oder den Begriff «Astrologie und Gesundheit», welcher mir persönlich viel besser gefällt.

Betrachte also auf der Suche nach deinem Thema immer die dir zur Verfügung stehenden Ansichten. **Auch können und werden die Energien gegenüber meiner grundlegenden Zuordnung variieren, je nachdem, was und wie vielseitig das Thema der Redewendung ist bzw. wie du die Redewendung und die für dich wichtige Botschaft für dein Thema interpretieren wirst.** Ich versuche bei den Erklärungen so kurz und einfach wie möglich zu bleiben und dabei trotzdem das Essentielle zu erwähnen. Ich bin mir sicher, dass du dein Thema finden wirst und deine Selbstheilung starten darf. Und wie schon einmal erwähnt: Solltest du nicht weiterkommen, kann dir ein ausgebildeter Astrologe helfen, deinen Weg zu finden.

Arme

Wen nehme ich auf den Arm? Wem greife ich unter die Arme? Wen oder was empfange ich mit offenen Armen? Wen oder was umarme ich stürmisch?

Der **Mars** als Herrscherplanet des **Widders** ist der Planet des Handelns, des Anpackens, der Kraft und der Stärke. Durchhaltevermögen dank grosser Kraft sind klare Eigenschaften des **Mars**. Wo bin ich unwillig oder unfähig, (mit meinen Armen) Dienste zu verrichten?

Wenn ich jemandem Liebe und Zuneigung gebe, dann ist das **Venus**-Energie. Mit den Armen nehmen wir nonverbal Kontakt mit der Aussenwelt auf (**Merkur**-Energie). Wir zeigen klar, was wir bearbeiten möchten, was wir lieben möchten und was wir uns bewusst vom Leibe halten möchten. Vor was halte ich meine Arme verschränkt?

Auf den Arm nehmen

Frage: Wen nehme ich auf den Arm?
Erklärung: Jemanden (spasseshalber) anlügen oder täuschen
Energie: ♆ Neptun

Unter die Arme greifen

Frage: Wem greife ich unter die Arme?
Erklärung: Jemanden unterstützen, unaufgefordert helfen
Energie: ♂ Mars

Mit offenen Armen empfangen

Frage: Wen oder was empfange ich mit offenen Armen?
Erklärung: Jemanden oder etwas freundlich empfangen
Energie: ☿ Merkur

Stürmisch umarmen

Frage: Wen oder was umarme ich stürmisch?
Erklärung: Jemanden (zu) fest umarmen
Energie: ♂ Mars - ♀ Venus

In den Arm nehmen

Frage:	Wen oder was sollte ich in die Arme nehmen?
Erklärung:	Geborgenheit und Liebe geben
Energie:	♀ Venus

Die Arme verschränkt halten

Frage:	Vor was halte ich meine Arme verschränkt?
Erklärung:	Sich etwas vom Leibe halten
Energie:	♂ Mars

Unfähig sein, (mit meinen Armen) Dienste zu verrichten

Frage:	Wo bin ich unwillig oder unfähig, Dienste zu verrichten?
Erklärung:	Jemandem dienen, helfen, entlasten, gehorchen, beistehen, für jemanden arbeiten
Energie:	⚷ Chiron - ♅ Uranus

Jemandem in den Arm fallen

Frage:	Wer oder was fällt mir in den Arm?
Erklärung:	Jemanden zurückhalten, jemanden im letzten Augenblick an etwas hindern
Energie:	♄ Saturn

Atemwege (innere)

Was verschlägt mir die Atmung? Wo bleibt mir die Luft weg? Wer oder was nimmt mir die Luft zum Atmen?

Der **Merkur** als Herrscherplanet von **Zwillinge** und **Jungfrau** steht unter anderem für Austausch, Sauerstoffaustausch und Kommunikation. Ohne die Luft können wir nicht laut reden und uns fehlt die Lebensenergie des Sauerstoffes aus der Luft. Die Bronchien als Verbindungskanal zwischen der Innen- und Aussenwelt gelten als Leitung für die Energieaufnahme beim Einatmen und für die Energieabgabe beim Ausatmen. Die Bronchienäste bilden den inneren Atembaum, den Baum des Lebens. Sie sind die gasförmige Energieversorgung und das Abgassystem in uns. Die

Lungen als Verbindung zu den äusseren, pflanzlichen Bäumen ist verbunden mit dem Kreislauf des Sauerstoffaustausches. Die Lunge ist wie die **Zwillinge**, das Tierkreiszeichen des **Merkurs**, paarig (linker und rechter Lungenflügel). Das gilt übrigens auch für das Herz (**Sonnen**-Energie, linke und rechte Herzkammer) und die Nieren (**Venus** – Energie). *Daher ordnet Mario Kretscher diese Organe ebenfalls der **Merkur**-Energie zu.*

Der **Merkur** steht für die Energiegewinnung und den Energieaustausch, die Kommunikation mit anderen Menschen und mit allen anderen Lebewesen auf dieser Erde, auch mit den Pflanzen. Er steht als Kontakt zur Aussenwelt. Fehlt dieser Kontakt oder dessen Aufmerksamkeit, machen sich die Atemwege bemerkbar und versuchen mit erheblichem Nachdruck die Aufmerksamkeit auf sich zu ziehen (Husten). Die angestauten Aggressionen (**Mars**-Energie) werden lauthals bekannt gegeben und sagen «Stopp, es reicht» (**Uranus**-Energie). Wem, was oder wo sollte ich mich lauthals mitteilen? Wo sollte ich etwas ausspucken (Husten mit Auswurf), anstatt jemanden anzuspucken?

Der **Merkur** als Sinnbild des Austausches, der Kommunikation, als Kontakt zur Aussenwelt und als Verbindung des Inneren mit dem Äusseren dient als Nabelschnur des Lebens, als Verbindung zu allem, was im Aussen ist. Wovon sollte ich die Nabelschnur (des Lebens) abtrennen? (**Uranus**-Energie)

Die Luft zum Atmen nehmen

Frage: Wer oder was nimmt mir die Luft zum Atmen?

Erklärung: Der Schwung ist weg, die Energie/Motivation/Idee fehlt, die Lebensenergie wird einem geraubt, keine Luft mehr bekommen, Engegefühl

Energie: ☉ Sonne - ☿ Merkur

Den Atem verschlagen

Frage: Was verschlägt mir die Atmung?

Erklärung: Jemand ist sprachlos, überwältigt

Energie: ☿ Merkur

Die Luft wegbleiben

Frage: Wo bleibt mir die Luft weg?

Erklärung: Ausdruck von Überraschung, Bestürzung, Empörung, Erstaunen

Energie: ♅ Uranus

Die Nabelschnur abklemmen (als Verbindung zur Aussenwelt)

Frage: Wovon sollte ich die Nabelschnur abklemmen?

Erklärung: Ablösungsprozess, sich von etwas trennen, loslassen

Energie: ♅ Uranus

Sich lauthals mitteilen

Frage: Wem, was oder wo sollte ich mich lauthals mitteilen?

Erklärung: Sehr laut, aus voller Kehle, nicht überhörbar

Energie: ☿ Merkur

Ausspucken statt anspucken

Frage: Wo sollte ich etwas ausspucken (Husten mit Auswurf), anstatt jemanden anzuspucken?

Erklärung: Heruntergeschlucktes endlich mitteilen, kommunizieren

Energie: ☿ Merkur

Augen

Was kann ich nicht mehr sehen? Wo möchte ich nicht mehr hinsehen? Was fällt mir wie Schuppen von den Augen? Was ist mir ein Dorn im Auge? Wo habe ich Tomaten auf den Augen?

Die **Sonne** als Planet der Augen symbolisiert den zentralen Wesenskern eines Menschen. Sie zeigt dir dein Ich-Bewusstsein, deinen Willen und deine Art und Weise, wie du dein Leben gestaltest. Die **Sonne** strahlt ihr Licht von sich aus und das gilt auch für deine Sonne, sowohl im Innen wie auch im Aussen. Du kannst dir zum Beispiel auch die Fragen stellen: Wo bleibt das Strahlen meiner Augen? Was kann ich nicht ins rechte Licht rücken?

Bei Kurzsichtigkeit wurde deine Seele verletzt. Du hast dein Sichtfeld eingeschränkt und möchtest nur noch das sehen, was gerade um dich herum ist. Die Verletzungen/Blockaden können aus der Kindheit oder auch aus früheren mitgebrachten (karmischen) Ereignissen heraus vorhanden sein.

Bei Weitsichtigkeit ist die Verletzung derart gross gewesen, dass die Situation bzw. das nahe Umfeld und die persönlichen Gefühle nicht mehr gesehen werden möchten.

*Nach Mario Kretscher gehört bei Frauen die **Sonne** zum linken Auge, beim Mann zum rechten Auge. Der **Mond** gehört dementsprechend zum anderen Auge, also bei der Frau zum rechten Auge und beim Mann zum linken.*

Die Augen werden auch dem **Mond** zugeteilt als Spiegel der Seele, dem innigsten Bedürfnis – deinem Bedürfnis. Welche Bedürfnisse sehe ich nicht oder welche Bedürfnisse werden durch was getrübt?

Der **Löwe** ist das Tierkreiszeichen der Sonne. Er verkörpert Energie, Kraft und Glanz. Was ist nicht mehr Gold, was glänzen sollte? Wo bleibt die Kraft des Lebens? (siehe auch Kapitel Herz)

Der **Mond** ist der Herrscherplanet des **Krebses**, dem ersten Wasserzeichen. Er steht für sehr viele Gefühle und ist eher zurückhaltend. Welche Tränen rühren mich nicht mehr? Was muss ich aus dem Kopf weinen? Mit was für Tränen habe ich zu kämpfen?

Nicht mehr sehen können

Frage:	Was kann ich nicht mehr sehen?
Erklärung:	Einer Sache /Person überdrüssig sein, etwas / jemanden nicht mehr ertragen können, Abneigung empfinden
Energie:	⚷ Chiron

Etwas getrübt sehen/im Trüben fischen

Frage:	Welche Bedürfnisse werden durch was getrübt?
Erklärung:	Undurchsichtig, nicht klar, nicht hell, freudlos
Energie:	♆ Neptun

Nicht mehr hinsehen können

Frage: Wo möchte ich nicht mehr hinsehen?

Erklärung: Nicht wahrhaben wollen, nicht zugeben wollen, Realitätsverweigerung

Energie: ♆ Neptun

Wie Schuppen von den Augen fallen

Frage: Was fällt mir wie Schuppen von den Augen?

Erklärung: Urplötzlich eine Erkenntnis haben, die Wahrheit erkennen oder Zusammenhänge durchschauen

Energie: ♄ Saturn

Ein Dorn im Auge sein

Frage: Was ist mir ein Dorn im Auge?

Erklärung: Auf jemanden/etwas sauer sein

Energie: ♂ Mars

Tomaten auf den Augen haben

Frage: Wo habe ich Tomaten auf den Augen?

Erklärung: Nicht genau hinsehen wollen, nicht aufmerksam genug sein, wichtige Sachen nicht sehen wollen

Energie: ♆ Neptun

Die Augen strahlen

Frage: Warum strahlen meine Augen nicht mehr?

Erklärung: Begeisterung, enthusiastisch, euphorisch, fasziniert, glühend vor Begeisterung, im Überschwang der Gefühle, in Hochstimmung

Energie: ♃ Jupiter

Ins rechte Licht rücken

Frage: Was kann ich nicht ins rechte Licht rücken?

Erklärung: Etwas so darstellen, dass die Vorteile besser zu erkennen sind

Energie: ♄ Saturn

Ein Auge auf jemanden/etwas werfen

Frage: Auf wen oder was werfe ich ein Auge?
Erklärung: Jemanden/etwas begehren, jemanden/etwas beobachten
Energie: ☉ Sonne

Rührende Tränen/zu Tränen gerührt sein

Frage: Was rührt mich nicht mehr zu Tränen?
Erklärung: Sehr bewegt, berührt, ergriffen sein, weinen müssen
Energie: ☽ Mond

Etwas nicht sehen/übersehen

Frage: Welche Bedürfnisse sehe ich nicht?
Erklärung: Bedürfnisse umschreiben die Wünsche der Menschen. Aus einem Mangelgefühl und dem Wunsch zur Beseitigung des Mangels entstehen Bedürfnisse unterschiedlicher Art
Energie: ☽ Mond

Nicht alles ist Gold was glänzt

Frage: Was ist nicht mehr goldig, was glänzen sollte?
Erklärung: Der äussere Schein trügt, Defizite, Fehler und Mängel oft erst bei näherem Hinsehen entdecken, etwas wird nicht gehalten, wie oder was versprochen wurde
Energie: ☉ Sonne - ♆ Neptun

Aus dem Kopf weinen

Frage: Was muss ich mir aus dem Kopf weinen?
Erklärung: Heftig weinen, lange anhaltend weinen, traurig sein, verletzt sein
Energie: ⚷ Chiron - ☽ Mond

Etwas ins Auge fassen

Frage: Was sollte ich mir ins Auge fassen?
Erklärung: Etwas vorhaben, anstreben, erwägen, beabsichtigen
Energie: ♂ Mars

Mit den Tränen zu kämpfen haben

Frage: Bei was muss ich mit Tränen kämpfen?
Erklärung: Tränen zurückhalten, Weinen unterdrücken, am liebsten weinen wollen
Energie: ⚷ Chiron - ☽ Mond

Farbe bekennen

Frage: Wo sollte ich Farbe bekennen?
Erklärung: Sich zu einer Sache bekennen oder seine Meinung offen sagen
Energie: ☿ Merkur - ♃ Jupiter

Etwas schwarz-weiss sehen

Frage: Was sollte ich nicht mehr schwarz-weiss sehen?
Erklärung: Ist die Tendenz, die Dinge zu extrem betrachten
Energie: ♇ Pluto

Ins Auge gehen

Frage: Was ist mir ins Auge gegangen?
Erklärung: Nicht glücken, misslingen
Energie: ♂ Mars

Ein Auge zudrücken

Frage: Wo sollte ich ein Auge zudrücken?
Erklärung: Jemandem einen Fehler nachsehen, etwas durchgehen lassen, von einer Strafe absehen
Energie: ♄ Saturn

Bänder und Sehnen

Was für ein Band (Verbindung) musste reissen? Welche Verbindung fordert mich heraus? Welches Tau (Band) muss ich loslassen? Welchen Bogen (Sehne) habe ich überspannt? Wo habe ich den (Zusammen-)Halt verloren?

Dem **Saturn** wird unter anderem der gesamte, statische Bewegungsappart zugeordnet, also Knochen, Gelenke, Knorpel sowie die verbindenden Elemente Sehnen und Bänder. Die **Saturn**-Energie gibt dir Halt und Struktur. Die einzelnen Knochen werden durch die Bänder zusammengehalten, und dank der Verbindung der Sehnen mit der Muskulatur bleiben diese beweglich. Wo sollte ich wieder beweglicher werden, geistig und emotional? Wovor habe ich Angst? Wo werde ich eingeengt und kann meine Beweglichkeit nicht mehr ausleben? Wieso oder wo halte ich mich krampfhaft fest? Wo sollte **ich** (das Band) loslassen und die Verantwortung übernehmen?

Dem **Merkur** werden neben dem Austausch, der Kommunikation, dem Denken und dem Intellekt auch die Fortbewegung, Beweglichkeit und Verbindung zugeordnet. Er widerspiegelt die Verbindung und den Austausch zwischen Menschen oder Situationen sowohl auf geistiger als auch körperlicher Ebene. Fehlt es an Verbindungen (Kontakten) zwischen zwei Menschen, kann zum Beispiel eine Sehnsucht (**Mond**-Energie) und die Suche nach einer Verbindung entstehen. Das Band zwischen zwei Menschen oder zwischen einem Menschen und einer Situation ist in Frage zu stellen. Bei einer Verletzung eines Bandes oder einer Sehne ist immer auch die Frage der (inneren) Standfestigkeit zu stellen. Wie sicher ist dein Halt, deine Standfestigkeit (**Venus-Saturn**-Energie)?

Das Band ist gerissen

Frage: Was für ein Band (Verbindung) musste reissen?
Erklärung: Ein Band zwischen zwei Elementen hält diese nicht
                mehr zusammen
Energie: ♅ Uranus

Eine herausfordernde Verbindung

Frage: Welche Verbindung fordert mich heraus?
Erklärung: Verbindung bedeutet zusammen sein, zusammengehören, vereint sein
Energie: ♅ Uranus

Der Bogen (Sehne) wurde überspannt

Frage: Welchen Bogen habe ich überspannt?

Erklärung: Das Temperament geht mit ihm/ihr durch, übersteigern, übertreiben, überziehen, es auf die Spitze treiben, es zu toll treiben

Energie: ♇ Pluto

Den Halt verlieren

Frage: Wo habe ich den (Zusammen-)Halt verloren?

Erklärung: Sich einig sein, einer Meinung sein, einig gehen, konform gehen, sich gleichlautend äussern, eine gemeinsame Marschrichtung haben, dieselbe Sprache sprechen

Energie: ☿ Merkur

Einen sicheren Halt haben

Frage: Wie sicher ist dein Halt?

Erklärung: Gut verankert sein, gefestigt sein, sich sicher fühlen, sich in Sicherheit fühlen, sicheren Boden unter den Füssen haben

Energie: ♂ Mars - ♄ Saturn

Beweglicher werden

Frage: Wo sollte ich wieder beweglicher werden, geistig und emotional?

Erklärung: Unbeweglich sein bedeutet steif/eingeschränkt sein. Die eigene Überzeugung und Meinung sind tief verankert

Energie: ♃ Jupiter

Angst vor etwas habe

Frage: Wovor habe ich Angst?

Erklärung: Angst ist ein Gefühl der Nervosität, Besorgnis oder Unsicherheit, die ein normales menschliches Erlebnis darstellt. Angst entsteht aufgrund mangelnden Vertrauens

Energie: ♄ Saturn - ⚷ Chiron

Eingeengt sein

Frage: Wo werde ich eingeengt und kann meine Beweglichkeit nicht mehr ausleben?

Erklärung: Sich eingeschränkt fühlen, ge- oder behindert werden am Ausleben der eigenen Bedürfnisse, seiner Freiheit entzogen werden

Energie: ♄ Saturn

Krampfhaft festhalten

Frage: Wieso oder wo halte ich mich krampfhaft fest?

Erklärung: Verzweifelt an etwas festhalten, mit aller Kraft oder aller Gewalt etwas festhalten, verbissen etwas festhalten, mit allen Mitteln festhalten

Energie: ♄ Saturn

Das Tau (Band) loslassen

Frage: Welches Tau muss ich loslassen?

Erklärung: Ein Tau gibt Halt und Sicherheit, doch bei Sturm kann es auch Schaden verursachen

Energie: ♄ Saturn

Das Band loslassen und Verantwortung übernehmen

Frage: Wo sollte ich (das Band) loslassen und die Verantwortung übernehmen?

Erklärung: Verantwortung zu übernehmen bedeutet, aufzuhören, anderen, den Umständen oder deiner Vergangenheit die Schuld zu geben

Energie: ♄ Saturn

Becken

siehe Hüfte/Hüftgelenk

Beine

Warum habe ich schwere Beine? Warum können mich die Beine nicht mehr tragen? Warum kriege ich kein Bein auf die Erde? Warum kann ich nicht mehr mit beiden Beinen fest auf dem Boden stehen?

Der **Jupiter** als Herrscherplanet des **Schützen** steht für den (Entwicklungs-)Weg, den wir gehen möchten und den Fortschritt und das Vorwärtskommen im Leben. Die **Mars**-Energie steht für die Kraft des Vorwärtskommens, etwas auf die Beine stellen, etwas erreichen wollen. Er möchte eigenständig und selbständig sein und unter Beweis stellen. Die **Merkur**-Energie möchte verstehen und gestehen. Welchen Weg sollte ich beschreiten?

Schwere Beine haben

Frage: Warum habe ich schwere Beine?
Erklärung: Erschöpft/müde sein
Energie: ♂ Mars - ♆ Neptun

Die Beine können mich nicht mehr tragen

Frage: Warum können mich die Beine nicht mehr tragen?
Erklärung: Die Last ist zu schwer, der Weg ist zu steinig
Energie: ♂ Mars

Kein Bein auf die Erde kriegen

Frage: Warum kriege ich kein Bein auf die Erde?
Erklärung: Erfolglos sein, nicht vorankommen
Energie: ♃ Jupiter

Mit beiden Beinen fest auf dem Boden stehen

Frage: Warum kann ich nicht mehr mit beiden Beinen fest auf dem Boden stehen?
Erklärung: Realistisch sein, pragmatisch sein, sich keine Illusionen hingeben, sein Leben selbst gestalten, mit den Anforderungen des Alltags sehr gut zurechtkommen
Energie: ♄ Saturn - ♆ Neptun

Den Weg beschreiten

Frage:	Welchen Weg sollte ich beschreiten?
Erklärung:	Sich auf den Weg machen
Energie:	♂ Mars

Jemandem ans Bein pinkeln

Frage:	Wer pinkelt mir ans Bein?
Erklärung:	Jemanden angreifen, jemanden kritisieren, jemanden verärgern, jemandes Interessen verletzen
Energie:	♂ Mars

Sich kein Bein ausreissen

Frage:	Wo reisse ich mir kein Bein aus?
Erklärung:	Sich nicht sonderlich bemühen, sich kaum anstrengen
Energie:	♂ Mars

Jemandem Knüppel zwischen die Beine werfen

Frage:	Wer hat mir einen Knüppel zwischen die Beine geworfen?
Erklärung:	Jemandem absichtlich bei einem Vorhaben behindern
Energie:	♄ Saturn

Blase

Was sollte ich loslassen? Wer oder was besitzt mich? Wer oder was setzt mich unter Druck? Was muss ich hinter mich bringen? Welchen brennenden Bedürfnissen sollte ich nachgehen?

Der **Mond** ist der Inbegriff der Bedürfnisse und der Emotionen. Er möchte seine Gefühle leben und auch nach Lust oder Unlust reagieren. Der **Mond** möchte geliebt und seine Wünsche und Bedürfnisse wollen erkannt werden. Der **Mond** verkörpert auch das weibliche Prinzip, also die **Venus**-Energie, und steht für das Fürsorgliche, das Mütterliche. Aus mütterlicher Sicht braucht das innere Kind die gleiche fürsorgliche Aufmerksamkeit wie ein leibliches Kind. Kinder dürfen wir irgendwann voller Liebe und Vertrauen loslassen. Das innere Kind bleibt ein Leben lang bei dir.

Der **Mond** wird nicht direkt der Blase zugeordnet. Seine Bedürfnisse, Emotionen und Wünsche loszulassen werden vom **Pluto** beeinflusst, welcher der Blase zugeordnet wird. **Pluto** steht unter anderem für Loslassen, hinter sich lassen, Sterben und Werden, Neubeginn, Sexualität als Ort der Erforschung von Gefühlen (**Mond**-Energie), der Macht und des Besitzens (**Pluto**-Energie). Die Blase zeigt dir an, wie selbstbewusst du mit deinen Gefühlen (**Mond**-Energie) umgehen kannst, ob du zu dir stehen kannst und wie du mit deinen Emotionen umgehst.

Wasser steht für Emotionen (**Mond**-Energie) und wird über die Blase ausgeschieden. Es ist der flüssige Abfall, welcher entsorgt werden muss. Der seelische Abfall der Emotionen darf über die Blase losgelassen werden. Der Blasen-Schliessmuskel (**Mars**-Energie) muss nicht mehr zurückhalten. Welchen (seelischen) Druck muss ich loslassen? Wie fest brenne ich darauf, den Druck hinter mir zu lassen? Was für ein Machtspiel sollte ich beenden und/oder loslassen?

Brennendes Bedürfnis

Frage:	Welchen brennenden Bedürfnissen sollte ich nachgehen?
Erklärung:	Verlangen, Wünsche, Ansprüche, Zustand oder Erleben eines Mangels, verbunden mit dem Wunsch ihn zu beheben oder Abhilfe zu schaffen
Energie:	☽ Mond - ⚷ Chiron

Druck loslassen

Frage:	Welchen (seelischen) Druck muss ich loslassen?
Erklärung:	Lebenskrisen wie Trennung, Trauer, Burn-out oder Arbeitsplatzkonflikte können zu seelischen Belastungen (Druck) führen
Energie:	♇ Pluto - ♅ Uranus

Loslassen von Lasten

Frage:	Was sollte ich loslassen?
Erklärung:	Loslassen heisst befreien, Altes und Belastendes darf Vergangenheit sein
Energie:	♅ Uranus

Hinter sich bringen

Frage:	Was muss ich hinter mich bringen?
Erklärung:	Etwas zum Abschluss bringen, etwas (erfolgreich) beenden, zurücklegen, bewältigen, fertigstellen, erledigen
Energie:	♇ Pluto

Besitznehmen

Frage:	Wer oder was besitzt mich?
Erklärung:	Etwas oder jemanden an sich nehmen, an sich reissen, Besitz ergreifen von etwas oder jemandem, etwas oder jemanden in Besitz nehmen, sich (etwas) aneignen, sich (einer Sache) bemächtigen, sich nehmen
Energie:	♀ Venus - ♇ Pluto

Machtspiel beenden

Frage:	Was für ein Machtspiel sollte ich beenden und/oder loslassen?
Erklärung:	Seinen Willen durchsetzen, zeigen wer mächtiger (stärker) ist, wer hat mehr Einfluss hat, Einflussversuche abwehren
Energie:	♂ Mars - ♇ Pluto

Den Druck hinter sich lassen

Frage:	Wie fest brenne ich darauf, den Druck hinter mir zu lassen?
Erklärung:	Mit etwas abschliessen, etwas für sich aufarbeiten, etwas hinter sich lassen, innerlich verarbeiten, mit etwas fertig werden
Energie:	♅ Uranus

Unter Druck setzen

Frage:	Wer oder was setzt mich unter Druck?
Erklärung:	Etwas oder jemand zwingt mich gegen meinen Willen zu etwas (durch psychischen Druck, Überredung, Drohungen), wer oder was macht seinen Einfluss geltend, um mich zu einem gewünschten Verhalten zu bringen
Energie:	♄ Saturn - ♇ Pluto

Blut

Wer oder was saugt mich bis aufs Blut aus? Warum bin ich nicht mehr aus Fleisch und Blut? Mit wem oder was bin ich in Fleisch und Blut übergegangen? Wo sollte ich ruhiges Blut bewahren? Wo war ich heissblütig? Wo war ich kaltblütig? Was liegt mir (nicht) im Blut?

Das Blut als Lebenselixier, als Lebenskraft und Lebensfluss wird der **Mars**-Energie zugeordnet. Als Kommunikationsträger, und dazu gehören auch die Blutbahnen und Blutgefässe, trägt das Blut die Hormone mit den Informationen an die Bestimmungsorte (**Merkur**-Energie). Das Blut ist der materielle Träger des Lebens und Ausdruck der individuellen Dynamik.

Bis aufs Blut aussaugen

Frage:	Wer oder was saugt mich bis aufs Blut aus?
Erklärung:	Skrupellos ausnutzen, ausbeuten
Energie:	♇ Pluto

Aus Fleisch und Blut sein

Frage:	Warum bin ich nicht mehr aus Fleisch und Blut?
Erklärung:	Ein tatsächlich vorhandener Mensch, ein körperlich existierender, mit seinen Stärken, Schwächen und Gefühlen
Energie:	♂ Mars

Etwas im Blut liegen

Frage: Was liegt mir (nicht) im Blut?

Erklärung: Talent, eine Begabung, ein Gefühl, eine Leidenschaft für
                etwas haben, etwas von Natur aus gut können, charak-
                teristisch für jemanden sein, jemandem angeboren sein

Energie: ☉ Sonne

In Fleisch und Blut übergegangen

Frage: Wem ist etwas oder was ist mir in Fleisch und Blut über-
                gegangen?

Erklärung: Etwas zu eigen machen, durch ständige Wiederholung
                zur selbstverständlichen Gewohnheit werden

Energie: ♂ Mars - ♇ Pluto

Ruhig Blut bewahren

Frage: Wobei sollte ich ruhig Blut bewahren?

Erklärung: Sich nicht aufregen oder in Hektik verfallen, sondern ru-
                hig, gelassen, besonnen bleiben, cool bleiben, einen
                kühlen Kopf bewahren

Energie: ♂ Mars

Heissblütig sein

Frage: Wobei war ich heissblütig?

Erklärung: Wild sein, heftig, lebendig, dynamisch, stürmisch, has-
                tig, impulsiv, ungestüm

Energie: ♂ Mars

Kaltblütig sein

Frage: Wobei war ich kaltblütig?

Erklärung: Ohne Gefühle, nicht gefühlsbestimmt, gefasst sein, ab-
                wertend, skrupellos, brutal handeln

Energie: ♇ Pluto

Brust

Was nehme ich mir an die oder zur Brust? Welches Gefühl beklemmt mich in der Brust? Was für einen (Herz-)Schmerz habe ich in der Brust? Wer setzt mir die Pistole/das Messer auf die Brust? Welche zwei Seelen habe ich in meiner Brust? Wer hat mich in die Brust getroffen? Wo bin ich schwach auf der Brust? Wo werfe ich mich in die Brust? Welche Schlange ernährt sich am Busen?

Die **Sonne** als Herrscherplanet des **Löwen** steht unter anderem für das Ich-Bewusstsein. Mein ICH darf Raum einnehmen und ICH darf mein Ichgefühl demonstrieren. ICH darf mich ausdehnen. Die Lebenskraft, Willenskraft, Körperkraft und Lebensenergie der **Sonne** bzw. des **Löwen** werden dem Herz zugeschrieben und entsprechend auch allen möglichen Themen von Herzerkrankungen. Siehe dazu das Kapitel Herz. Warum habe ich eine geschwollene Brust?

Der Brustkorb als Schutz um die inneren Organe untersteht dem **Saturn**. Der Brustkorb ist die «Grenzwache» und schützt unerwünschte Einflüsse auf die inneren Organe, auf das Herz, auf dich. Die inneren Organe und das Herz vertrauen auf die Schutzfunktion und Schutzaufgabe des Brustkorbs. Wie gehe ich mit Grenzen um? Übernehme ich die Verantwortung für mich?

Die weibliche Brust gehört zum **Mond**, wenn es um das Mütterliche und die Versorgung von Neugeborenen sowie die Geborgenheit geht und zur **Venus**, wenn es um die Weiblichkeit, die Verführung geht. Der **Mond** ernährt und versorgt das Neugeborene **und** die Beziehung (**Venus**-Energie). Die **Venus** verwöhnt, verlockt, verführt. Finde ich die Balance zwischen Versorgen und Verführen? Fühle ich mich geborgen?

Beklemmendes Gefühl in der Brust haben

Frage:	Welches Gefühl beklemmt mich in der Brust?
Erklärung:	Gefühl der Enge bzw. der Angst, das Gefühl haben, eingeschränkt zu sein
Energie:	☉ Sonne - ♄ Saturn

An oder zur Brust nehmen

Frage: Was nehme ich mir an die oder zur Brust?

Erklärung: Das Anlegen des Säuglings an die weibliche Brust. Das Bild vom Stillen wird in der allgemeineren Bedeutung als «sich jemandes annehmen» verstanden oder auch im ironischen Sinne «sich jemanden vorknöpfen»

Energie: ☽ Mond

(Herz-)Schmerz in der Brust haben

Frage: Was für einen (Herz-)Schmerz habe ich in der Brust?

Erklärung: (Liebes-)Kummer. Gebrochenes, verletztes Herz

Energie: ♀ Venus

Die Pistole auf die Brust setzen

Frage: Wer setzt mir die Pistole/das Messer auf die Brust?

Erklärung: Etwas oder jemand möchte eine Entscheidung erzwingen, jemanden zu etwas zwingen

Energie: ♂ Mars

In die Brust werfen

Frage: Wo werfe ich mich in die Brust?

Erklärung: Mit etwas angeben, prahlen, sich mit etwas brüsten

Energie: ♆ Neptun

In die Brust getroffen

Frage: Wer hat mich in die Brust getroffen?

Erklärung: Emotional tief berührt, gekränkt oder verletzt worden sein, tief erschüttert, demoralisiert, entmutigt

Energie: ☽ Mond - ♂ Mars

Zwei Seelen in der Brust haben

Frage: Welche zwei Seelen habe ich in meiner Brust?

Erklärung: Psychologischer Grundkonflikt, vor einer schwierigen Entscheidung stehen, zwei Möglichkeiten/Vorlieben/Neigungen haben und entscheiden müssen

Energie: ♂ Mars - ♄ Saturn

Schwach auf der Brust sein

Frage: Wo bin ich schwach auf der Brust?

Erklärung: Wenig Geld haben, nicht mehr richtig funktionieren,
                schwach sein, krank sein

Energie: ♀ Venus - ⚷ Chiron

Die Schlange ernährt sich am Busen

Frage: Welche Schlange ernährt sich am Busen?

Erklärung: Einen Feind sehr nahe an sich heranlassen

Energie: ♂ Mars

Mit meinen schützenden Grenzen umgehen

Frage: Wie gehe ich mit Grenzen um?

Erklärung: Meine Grenzen (kommunizieren), meine Grenzen einge-
                halten

Energie: ☿ Merkur - ♄ Saturn

Verantwortung für mich übernehmen

Frage: Übernehme ich die Verantwortung für mich?

Erklärung: Entscheidungen treffen, bereit sein für die Konsequen-
                zen von Entscheidungen (Handeln und Gedanken)

Energie: ♄ Saturn

Balance zwischen Versorgen und Verführen finden (weibliche Brust)

Frage: Finde ich die Balance zwischen Versorgen und Verfüh-
                ren?

Erklärung: Ausgeglichen sein, Gleichgewicht, ausgewogen sein

Energie: ♀ Venus

Sich geborgen fühlen

Frage: Fühle ich mich geborgen?

Erklärung: Inneres Gefühl, gezeichnet durch Loslassen, Entspan-
                nung, Wohlbefinden, Wärme, Nähe, Liebe, Akzeptanz,
                Trost, innere Ruhe, alles ist in diesem Moment gut

Energie: ☽ Mond

Mit geschwollener Brust

Frage:	Warum habe ich eine geschwollene Brust?
Erklärung:	Sich grösser machen, als man ist, angeberisch, aufgeblasen, prahlerisch
Energie:	♂ Mars

Darm

(siehe Magen/Darm/Verdauung)

Eierstöcke

Wo oder weshalb habe ich die Eierstöcke in der Hose?

Die Vorratskammer der Fruchtbarkeit (**Mond-Pluto**-Energie) ist die Schatzkammer der Evolution. Die Eierstöcke schenken Leben und werden als der Ort der Kreativität bezeichnet (**Löwe**-Energie).

*Die neuzeitliche Astrologie teilt unter anderem daher die Eierstöcke auch der **Löwen**-Energie zu.*

Die Eierstöcke in der Hose haben

Frage:	Wo oder weshalb habe ich die Eierstöcke in der Hose?
Erklärung:	Den Mut (männliche Seite) zu etwas aufbringen können
Energie:	♂ Mars - ♇ Pluto

Ellbogen

Wo bin ich am «Ellbögeln»? Wo schaffe ich mir meine Ellbogenfreiheit? Wo bin ich um Ellen voraus?

Der **Mars** als Herrscherplanet des Widders ist der Inbegriff des Durchsetzens. Er weiss, was er will und setzt sich durch, wenn nötig mit den

Ellbogen, denn er will der Erste und Schnellste sein. Mit seiner Männlichkeit repräsentiert er Initiative, Tatkraft und Durchsetzungsvermögen, wenn nötig mit Kampf und Konfrontation. **Mars** ist der Herrscherplanet des **Widders**. Der **Widder** packt Neues an und kann sich durchsetzen. Die **Widder**-Energie zeigt ihm den Weg auf, wie er ohne Aggressionen lernen kann, sich selbst durchzusetzen. Geduld, Rücksichtnahme und Beständigkeit sind Lernfelder der **Widder**-Energie. Wo brauchst du etwas mehr Geduld? Wo solltest du mehr Rücksicht nehmen?

Am «Ellbögeln» sein

Frage:	Wo bin ich am «ellbögeln»?
Erklärung:	Sich rücksichtslos durchsetzen, sich den Weg frei schaffen, um durchzukommen
Energie:	♂ Mars

Sich Ellbogenfreiheit verschaffen

Frage:	Wo schaffe ich mir meine Ellbogenfreiheit?
Erklärung:	Genug Spielraum haben, um die Ellbogen frei bewegen zu können, Durchsetzungsvermögen haben
Energie:	♂ Mars

Um Ellen voraus sein

Frage:	Wo bin ich um Ellen voraus?
Erklärung:	Seiner Zeit (weit) voraus sein, zu weit im Voraus sein
Energie:	♅ Uranus

Geduldig auf den Ellbogen abstützen

Frage:	Wo brauchst du etwas mehr Geduld?
Erklärung:	Ruhiges und beherrschtes Ertragen von etwas, was unangenehm ist oder sehr lange dauert
Energie:	♀ Venus

Rücksicht nehmen und die Ellbogen einziehen

Frage: Wo solltest du mehr Rücksicht nehmen?

Erklärung: Verhalten, das die besonderen Gefühle, Interessen, Be-
                dürfnisse, die besondere Situation anderer und der Um-
                welt gegenüber berücksichtigt und feinfühlig beachtet

Energie: ♀ Venus

Finger

(siehe auch Hand)

Wer klopft mir auf die Finger? Wovon sollte ich die Finger lassen? Wen wickle ich um die Finger? Wo sollte ich die Finger aus dem Spiel lassen? Wo habe ich den Finger in die Wunde gelegt? Wo habe ich mir die Finger schmutzig gemacht? Wo sollte ich keinen Finger rühren? Wo oder woran habe ich mir die Finger verbrannt? Wem habe ich den kleinen Finger gegeben? Was habe ich mir aus den Fingern gesaugt?

Merkur hat auch hier seine Finger im Spiel, wobei das Handeln in Form von etwas erledigen oder etwas machen, wozu wir die Finger - insbesondere den Daumen brauchen, wiederum dem **Mars** zugesprochen wird. Die Handinnenflächen und Fingerspitzen mit ihrem Tastsinn und den Tätigkeiten von streicheln und fühlen werden dem **Krebs** und dem dazugehörigen Planeten **Mond** zugeordnet und beim Heilen der **Chiron**-Energie (siehe auch Kapitel Hände).

Die **Merkur**-Energie wirkt sich einerseits auf die Kommunikation (mit Händen und Füssen sprechen), andererseits auf das Schreiben und Tippen mittels der Finger aus.

Auf die Finger klopfen

Frage: Was klopft mir auf die Finger?

Erklärung: Jemanden barsch tadeln, rüffeln, rügen

Energie: ♄ Saturn

Um den (kleinen) Finger wickeln

Frage: Wen wickle ich um den Finger?

Erklärung: Jemanden leicht beeinflussen können, betören, bezaubern, bezirzen, hypnotisieren, in den/seinen Bann schlagen oder ziehen, umgarnen, verführen, verzaubern, einlullen, einwickeln

Energie: ♆ Neptun

Die Finger davonlassen

Frage: Wovon sollte ich die Finger lassen?

Erklärung: Den Bezug/die Verbindung zu etwas nicht mehr fortführen, etwas besser nicht tun

Energie: ♂ Mars

Aus den Fingern saugen

Frage: Was habe ich mir aus den Fingern gesaugt?

Erklärung: Sich – häufig notgedrungen – etwas ausdenken

Energie: ☿ Merkur

Die Finger in die Wunde gelegt

Frage: Wo habe ich den Finger in die Wunde gelegt?

Erklärung: Deutlich – oftmals auf unangenehme Weise – auf ein Übel oder eine Schwäche hinweisen

Energie: ♇ Pluto

Den kleinen Finger geben und die ganze Hand nehmen

Frage: Wem habe ich den kleinen Finger gegeben?

Erklärung: Man bietet Hilfe an, jedoch will jemand noch viel mehr

Energie: ♃ Jupiter

Die Finger schmutzig machen

Frage: Wo habe ich mir die Finger schmutzig gemacht?

Erklärung: Sich in einer Angelegenheit schuldig machen, eine Gesetzwidrigkeit begehen

Energie: ♄ Saturn

Keinen Finger rühren

Frage: Wo sollte ich keinen Finger rühren?

Erklärung: Aus eigenem Antrieb nichts tun, untätig bleiben, keine Hand rühren, keinen Finger krumm machen

Energie: ♂ Mars

Die Finger aus dem Spiel lassen

Frage: Wo sollte ich die Finger aus dem Spiel lassen?

Erklärung: Wahrer Urheber sein, etwas (im Verborgenen) veranlasst haben, an etwas (in negativer Weise) beteiligt sein, hinter etwas stecken

Energie: ♂ Mars

Sich die Finger verbrennen

Frage: Wo oder woran habe ich mir die Finger verbrannt?

Erklärung: Schaden erleiden, scheitern, erfolglos sein, schlechte Erfahrungen machen, sich durch unbesonnenes Handeln Schaden zufügen

Energie: ♃ Jupiter

Füsse

Was zieht mir den Boden unter den Füssen weg? Wovor kriege ich kalte Füsse? Was hat mich auf dem falschen Fuss erwischt? Wo halte ich (noch) den Fuss in die Türe?

Der **Neptun** und seine Energien sind den Füssen zugeordnet. Füsse sind/suchen die Wurzeln zur Mutter Erde oder sehnen sich in Träumen nach Halt, Sicherheit und festem Boden unter den Füssen. Der Fische mit seinen Flossen sucht Standhaftigkeit, Verständnis, Standfestigkeit, Stetigkeit und Beständigkeit. Die Demut wird hauptsächlich der **Chiron**-Energie zugeordnet, aber auch der **Fische**-Energie. Die Verwurzelung der Persönlichkeit, die Basis des Lebens, die Erdung oder der (fehlende) Kontakt zur

Mutter Erde sind Aufgaben, die in Zusammenhang mit den Füssen stehen. Wo sollte ich Fuss fassen? Wo gehe ich über etwas hinweg?

Für den eigenen Standpunkt einzustehen kann schwerfallen und man ist dabei oft hilflos – schwimmt umher (**Fische**-Energie). Standhaft bleiben, die Realität in den Augen behalten (**Sonne-Mond**-Energie) und den eigenen Standpunkt vertreten. Wo bin ich (nicht) auf die eigenen Füsse gefallen?

Den Boden unter den Füssen wegziehen

Frage:	Was zieht mir den Boden unter den Füssen weg?
Erklärung:	Jemandem die Existenzgrundlage/Sicherheit, das Selbstverständnis nehmen, jemanden zu Fall bringen
Energie:	♀ Venus

Kalte Füsse kriegen

Frage:	Wovor kriege ich kalte Füsse?
Erklärung:	Kurz vor wichtigen Terminen oder Entscheidungen Angst bekommen, unsicher werden
Energie:	☿ Merkur - ♄ Saturn - ♇ Pluto

Den Fuss in die Türe halten

Frage:	Wo halte ich (noch) den Fuss in die Türe?
Erklärung:	Sein Ziel noch nicht ganz erreicht haben
Energie:	♂ Mars

Über etwas hinweg gehen

Frage:	Wo gehe ich über etwas hinweg?
Erklärung:	Etwas übersehen, wegschauen, nicht wahrnehmen
Energie:	♆ Neptun

Auf grossem Fuss leben

Frage:	Wo lebe ich auf grossem Fuss?
Erklärung:	Luxuriös/teuer/aufwendig leben; viel Geld ausgeben
Energie:	♀ Venus

Auf dem falschen Fuss erwischen

Frage: Was hat mich auf dem falschen Fuss erwischt?

Erklärung: Jemanden unvorbereitet erwischen, jemanden überra-
                schen/ertappen, zu einer ungünstigen Zeit erscheinen,
                ungelegen kommen

Energie: ♆ Neptun

Jemandem auf die Füsse treten

Frage: Wer ist mir auf die Füsse getreten?

Erklärung: Jemanden beleidigen, jemandem etwas Unangenehmes
                sagen

Energie: ♄ Saturn - ♇ Pluto

Fuss fassen

Frage: Wo sollte ich Fuss fassen?

Erklärung: In einem unsicheren Terrain dennoch sicher auftreten
                und eine feste Stellung erreichen, sich niederlassen, sich
                sozial, kulturell, beruflich in die Gesellschaft, die Ar-
                beitswelt o. ä. integrieren, heimisch werden

Energie: ♀ Venus

Auf die Füsse fallen

Frage: Wo bin ich (nicht) auf die eigenen Füsse gefallen?

Erklärung: Ohne Schaden aus etwas herausgehen, sich zu helfen
                wissen, Glück haben, aus einer Schwierigkeit wieder
                ohne Schaden hervorgehen

Energie: ♆ Neptun

Fussgelenk (auch Sprunggelenk)

Von was muss ich abspringen? Wo habe ich einen Fehltritt gemacht? Wo
habe ich (Fuss-)Fesseln? Wo müsste ich mich auf die Hinterbeine stellen?

Die **Merkur**-Energie steht hier für das Gelenk, welches die (geistige) Beweglichkeit bedeutet, die **Neptun**-Energie für den Kontakt zur Mutter

Erde (siehe Füsse) und die **Uranus**-Energie für die Sprunghaftigkeit (siehe Unterschenkel).

Das geschmeidige Fortbewegen ist nur dank gesunden Sprunggelenken möglich. Treten darin (energetische) Probleme auf, erschwert es uns des Weges zu gehen. Eine Basis für alle Absprünge, ob grosse oder kleine, physische oder psychische, situative oder emotionale, ist nur dank den Sprunggelenken möglich.

Bänder und Sehen (**Merkur**-Energie) halten das Sprunggelenk zusammen und erlauben ihm gleichzeitig die Beweglichkeit und Flexibilität, damit wir ungehindert auf unseren Füssen gehen können. Wo habe ich meinen Lebensweg verlassen?

Einen Absprung machen

Frage:	Von was muss ich abspringen?
Erklärung:	Sich von etwas lösen, loslassen, verlassen
Energie:	♅ Uranus

Einen Fehltritt machen

Frage:	Wo habe ich einen Fehltritt gemacht?
Erklärung:	Etwas Falsches gemacht haben, ausrutschen, ausgleiten, gegen etwas verstossen, eine Sünde begehen, das «Gesetz» verletzen/brechen, Böses tun
Energie:	♄ Saturn

(Fuss-)Fesseln haben

Frage:	Wo habe ich (Fuss-)Fesseln?
Erklärung:	Kontrolliert werden / in die Schranken gewiesen werden, eingeschränkt sein, festgebunden sein, die Freiheit genommen haben
Energie:	♄ Saturn - ♅ Uranus

Sich auf die Hinterbeine stellen

Frage:	Wo müsste ich mich auf die Hinterbeine stellen?
Erklärung:	Sich anstrengen, sich alle Mühe geben, alle Register ziehen, alles daransetzen, Einsatz zeigen, Engagement zeigen, seine/ihre ganze Energie einsetzen, Gas geben
Energie:	♂ Mars

Den Lebensweg verlassen

Frage:	Wo habe ich meinen Lebensweg verlassen?
Erklärung:	Den Seelenplan verlassen, zu weit vom Weg abgekommen sein
Energie:	♅ Uranus

Galle/Leber

Warum kommt mir die Galle hoch, damit ich das Gift ausspucken kann? Warum läuft mir die Galle über?

Der Skorpion mit seiner **Pluto**-Energie fühlt sich hier ganz heimisch – alles oder nichts. Mit der Aggressivität, nicht als Frontalangriff, sondern als «Trenner» (**Mars**-Energie) zerlegt die Galle im Zwölffingerdarm die Fette. Doch der **Mond** mit seiner **Krebs**-Energie, welcher dem Magen zugeordnet wird, hat auch bei der Galle seine Finger im Spiel. Das Empfinden Unwohlsein, sich nicht gut fühlen und die Fütterung (Nahrung aufnehmen), sind **Mond-Krebs**-Energien.

Gefühle wie Wut (**Mars**-Energie) und Trauer (**Saturn**-Energie), Erinnerungen (**Merkur**-Energie) an alte Verletzungen (**Chrion**-Energie) und andere Emotionen (**Mond**-Energie), die Gift für unseren Körper sein können, werden aus seelischer Sicht der Galle zugeordnet. Die Galle reinigt diese Energien, bevor sie den Darm erreichen, sich dort festsetzen und Schaden anrichten können. Warum oder worüber ärgere ich mich grün und blau?

Gift und Galle ausspucken

Frage:	Warum kommt mir die Galle hoch, damit ich das Gift ausspucken kann?
Erklärung:	Sich über etwas sehr ärgern
Energie:	♇ Pluto

Die Galle läuft über

Frage:	Warum läuft mir die Galle über?
Erklärung:	Gereizt sein, hitzköpfig sein, wütend sein
Energie:	♂ Mars

Grün und Blau ärgern

Frage:	Warum oder worüber ärgere ich mich grün und blau?
Erklärung:	Sich masslos ärgern, sich sehr über etwas ärgern
Energie:	♂ Mars

Gebärmutter

Was für ein «Baby» darf (nicht) geboren werden? Wo fühlst du dich in Mutters Schoss (nicht mehr) geborgen?

Die Gebärmutter (**Mond**-Energie) ist ein Ausscheidungsorgan und wird auch der **Skorpion**-Energie zugeordnet. Sie schenkt Leben und scheidet abgestorbene Eizellen bei der Menstruation aus (**Pluto**-Energie). Die Geborgenheit in der Gebärmutter braucht die Eizelle, um heranwachsen und gedeihen zu können (**Löwe-Skorpion**-Energie).

Bei der Menstruation (**Pluto**-Energie) geht es darum, nicht zum Leben Erwecktes loszulassen. Gibt es nichts zum Loslassen, weil nichts entspringen konnte, haben der **Saturn** und der **Mond** die Finger im Spiel. Hält die weibliche Kraft krampfhaft an ihrer Hingabe fest, kann das schmerzhaft enden (**Pluto-Mond**-Energie). Findet kein Rhythmus statt zwischen Werden und Sterben, wirkt die **Uranus**-Energie. Findet keine Zeit für das Folgen (**Saturn**-Energie) des weiblichen Lebensrhythmus statt, fällt diese schwach aus. Darf die Kraft und Energie ausgiebig fliessen und die

Hingabe der eigenen Lebensenergie stattfinden, ist das die **Uranus-Pluto-**Energie. Wo sollte ich loslassen? Wo sollte ich in den Rhythmus kommen? Wo sollte ich für meine Weiblichkeit Zeit finden? Wo darf ich im Strom des Lebens schwimmen?

Das Baby darf geboren werden

Frage:	Was für ein «Baby» darf (nicht) geboren werden?
Erklärung:	Etwas Eigenes entstehen lassen. Wer darf auf die Welt kommen?
Energie:	♇ Pluto

Sich in Mutters Schoss geborgen fühlen

Frage:	Wo fühlst du dich in Mutters Schoss (nicht mehr) geborgen?
Erklärung:	Sich sicher und geborgen fühlen können
Energie:	♀ Venus

Loslassen

Frage:	Wo sollte ich loslassen?
Erklärung:	Freilassen, sich der Fesseln entledigen, sich von der Leine befreien
Energie:	♅ Uranus

Im (weiblichen) Rhythmus sein

Frage:	Wo sollte ich in den Rhythmus kommen?
Erklärung:	Annehmen der Polarität, sich bewusst mit dem eigenen und dem grossen Rhythmus (Sterben und Werden) auseinandersetzen, lebensnotwendige Regeln akzeptieren
Energie:	♅ Uranus

Zeit für die Weiblichkeit finden

Frage:	Wo sollte ich für meine Weiblichkeit Zeit finden?
Erklärung:	Sich in einer Beziehung oder im Beruf der weiblichen Rolle bewusstwerden
Energie:	♀ Venus - ☽ Mond

Im Strom des Lebens schwimmen

Frage:	Wo darf ich im Strom des Lebens schwimmen?
Erklärung:	Sich für die ureigenen, weiblichen Interessen einsetzen, Herzblut in den eigenen weiblichen Auftrag fliessen lassen, aufräumen und Ordnung machen, um Überlebtes und Altes abzustossen
Energie:	♀ Venus

Gesäss

Was geht mir am «Arsch» vorbei? Wo habe ich kein Sitzfleisch mehr? Wofür muss ich den Hintern hinhalten? Warum habe ich Hummeln im Hintern? Warum sollte ich mich in den Arsch beissen? Wo geht mein Arsch auf Grundeis? Wem oder was sollte ich Feuer unterm Hintern machen? Wo habe ich einen Stock im Arsch? Was muss mich in den Arsch treten? Warum kriege ich den Arsch nicht hoch?

Dem Gesäss wird passives Durchhaltevermögen, Geduld, Erdulden und Ausruhen zugeordnet. Der entsprechende Planet dazu ist der **Jupiter**. Als grösster Muskel steht er für Durchsetzungskraft.

Am «Arsch» vorbei gehen

Frage:	Was geht mir am «Arsch» vorbei?
Erklärung:	Eine Person zeigt kein Interesse für eine bestimmte Sache, ignoriert diese oder Ähnliches
Energie:	☿ Merkur

Sich in den Arsch beissen

Frage:	Warum sollte ich mich in den Arsch beissen?
Erklärung:	Sich über einen eigenen Fehler ärgern, sich über eine verpasste Gelegenheit ärgern
Energie:	♄ Saturn

Den Hintern hinhalten

Frage: Wofür muss ich den Hintern hinhalten?
Erklärung: Für etwas verantwortlich gemacht und bestraft werden
Energie: ♄ Saturn

Hummel im Hintern haben

Frage: Warum habe ich Hummeln im Hintern?
Erklärung: Voller Energie sein, unruhig sein, umtriebig sein, nicht
                 stillsitzen können
Energie: ♂ Mars

Sitzfleisch haben

Frage: Wo habe ich kein Sitzfleisch mehr?
Erklärung: Sich einer Angelegenheit lange (sitzend) widmen, nicht
                 zum Aufbruch zu bewegen, schwer loszuwerden, gedul-
                 dig auf etwas warten können
Energie: ♀ Venus

Jemandem Feuer unterm Hintern/Arsch machen

Frage: Wem oder was sollte ich Feuer unterm Hintern ma-
                 chen?
Erklärung: Jemanden antreiben, jemandem Druck machen
Energie: ♂ Mars

Jemandem geht der Arsch auf Grundeis

Frage: Wo geht mein Arsch auf Grundeis?
Erklärung: Jemand hat grosse Angst
Energie: ♄ Saturn

Einen Stock im Arsch haben

Frage: Wo habe ich einen Stock im Arsch?
Erklärung: Nicht natürlich sein, steif/spiessig/unflexibel sein
Energie: ☿ Merkur

Jemandem in den Arsch/Hintern treten

Frage:	Was muss mich in den Arsch treten?
Erklärung:	Jemanden antreiben, jemanden dazu bringen, etwas zu tun
Energie:	♂ Mars

Den Arsch nicht hochkriegen

Frage:	Warum kriege ich den Arsch nicht hoch?
Erklärung:	Träge und faul sein
Energie:	♀ Venus

Haare

Wofür könnte ich mir die Haare ausreissen? Was ziehe ich an den Haaren herbei? Warum stehen mir die Haare zu Berge? Was sollte ich am Schopfe packen? Welchen alten Zopf sollte ich abschneiden?

Bei den Haaren ist es fast wie bei den Händen. Gleich mehrere Planeten beeinflussen die Haare. Wenn es um Schönheit, Anmut oder Ausstrahlung geht, also um unsere Aussenwahrnehmung, dann kommt die **Venus**-Energie ins Spiel. Den Haaren werden aber auch Macht, Würde und Stärke (Kraft) zugeordnet, was der **Sonnen**-Energie entspricht. Mit wem oder was bin ich in die Haare geraten? Mit wem oder was liege ich in den Haaren? Warum muss ich Haare lassen?

Wünsche in Form von Freiheit, die immer wieder wachsen – wie die Haare, sie müssen von Zeit zu Zeit abgeschnitten werden, damit wieder neues Wachstum geschehen kann – gehören zur **Uranus**-Energie und die Haare als Antennen im Sinne von Intuition dem **Neptun** und dem **Mond.**

Die Haare ausreissen

Frage:	Wofür könnte ich mir die Haare ausreissen?
Erklärung:	Sich über etwas ärgern, verzweifeln, wütend oder entsetzt sein
Energie:	♂ Mars

An den Haaren herbeiziehen

Frage: Was ziehe ich an den Haaren herbei?

Erklärung: So argumentieren, dass etwas sehr abwegig, unwahr-
                scheinlich oder unlogisch ist

Energie: ♆ Neptun

Die Haare zu Berge stehen

Frage: Warum stehen mir die Haare zu Berge?

Erklärung: Sehr erschrocken oder zumindest schlagartig nervös,
                angespannt sein

Energie: ♆ Neptun

Am Schopf packen

Frage: Was sollte ich am Schopfe (Haarzopf) packen?

Erklärung: Etwas festhalten, die Chance/Gelegenheit nutzen, einen
                Umstand nutzen

Energie: ♀ Venus

Haare lassen

Frage: Warum muss ich Haare lassen?

Erklärung: Benachteiligt sein, das Nachsehen haben, leer ausge-
                hen, nicht berücksichtigt werden, sehen können, wo
                man bleibt

Energie: ♀ Venus

Den alten Zopf abschneiden

Frage: Welchen alten Zopf sollte ich abschneiden?

Erklärung: Muster loslassen, Veränderungen zulassen, Altes hinter
                sich lassen

Energie: ♅ Uranus

Sich in die Haare geraten

Frage: Mit wem oder was bin ich in die Haare geraten?

Erklärung: Mit jemandem in Streit geraten, aneinandergeraten,
                sich zanken

Energie: ♂ Mars

Sich in den Haaren liegen

Frage:	Mit wem oder was liege ich in den Haaren?
Erklärung:	Sich mit jemandem anlegen, im Clinch sein mit jemandem, sich an die Gurgel/Kehle gehen
Energie:	♂ Mars

Hände

Was habe ich nicht im Griff? Wo sollte ich handeln? Wo habe ich die Hand ins Feuer gelegt und mir die Finger verbrannt? Wo habe ich die Hand aufgehalten? Welche Hand muss ich loslassen? Wo habe ich zu viel in die Hand genommen? Wo oder bei wem bin ich handgreiflich geworden? Wem wasche ich die andere Hand?

Den Händen werden sehr viele Planeten zugeordnet, je nachdem welche Energie mit den Händen ausgeführt wird.

Die **Mars**-Energie ist bei groben Tätigkeiten wie beim Arbeiten, Anpacken (von Hand, handlich) und Erledigen vorhanden. Wenn es hingegen darum geht, etwas festzuhalten oder zu klammern, so ist dies die **Stier- bzw. Venus**-Energie. Der **Merkur** oder der **Zwillinge** nutzen die Hände zum Kommunizieren und Sprechen (Gebärdensprache), zum Schreiben und Tippen, zum (Be-)Greifen und Loslassen. Die feinen Nerven ertasten alles Mögliche (**Mond**-Energie) bis hin zum Unfassbaren wie z.B. Erkrankungen, Heilen, Handauflegen oder Reiki usw. (**Neptun**-Energie). Dem **Krebs** mit seinem **Mond** als Herrscherplaneten werden grosse und viele Gefühle zugeordnet, gleich wie den sensiblen Handinnenflächen, mit denen wir streicheln, geben und helfen. Wem sollte ich die Hand (nicht mehr) reichen? Wo sollte ich lernen, nein zu sagen?

Etwas im Griff haben

Frage:	Was habe ich (nicht) im Griff?
Erklärung:	Die Kontrolle über etwas haben (verlieren)
Energie:	♄ Saturn

Handeln!

Frage:	Wo sollte ich handeln?
Erklärung:	Eingreifen, es gibt Handlungsbedarf, sich genötigt sehen, einzuschreiten, aktiv werden müssen
Energie:	♂ Mars

Die Hand aufhalten

Frage:	Wo habe ich die Hand aufgehalten?
Erklärung:	Geld haben wollen, nach Geld fragen, um Geld bitten
Energie:	♀ Venus

Die Hand loslassen

Frage:	Welche Hand muss ich loslassen?
Erklärung:	Woran halte ich mich fest, was nicht gut für mich ist? Welche Person oder Situation darf ich gehen lassen
Energie:	♅ Uranus

Die andere Hand waschen

Frage:	Wem wasche ich die andere Hand?
Erklärung:	Jemandem im Gegenzug einen Gefallen für etwas tun
Energie:	♃ Jupiter

Die Hand ins Feuer legen, die Finger verbrennen

Frage:	Wo habe ich die Hand ins Feuer gelegt und mir die Finger verbrannt?
Erklärung:	Hand ins Feuer legen – Vorbehaltlos für etwas oder jemanden einstehen, sich mit vollem Vertrauen für etwas oder jemanden verbürgen. Finger verbrennen – Schaden erleiden, einen Denkzettel verpasst bekommen
Energie:	♄ Saturn

Zuviel in die Hand nehmen

Frage:	Wo habe ich zu viel in die Hand genommen?
Erklärung:	Übertrieben haben, über Grenzen gegangen sein
Energie:	♃ Jupiter

Handgreiflich werden

Frage: Wo oder bei wem bin ich handgreiflich geworden?

Erklärung: Gewalttätig werden, tätlich werden gegen jeman-
                den/etwas, handfeste Auseinandersetzung, jemandem
                einen Schlag versetzen, jemanden schlagen, zuschlagen

Energie: ♂ Mars

Lernen, nein zu sagen

Frage: Wo sollte ich lernen, nein zu sagen?

Erklärung: Ein Nein zu anderen ist ein Ja zu dir

Energie: ☉ Sonne

Nicht von der Hand weisen

Frage: Was ist nicht von der Hand zu weisen?

Erklärung: Durchaus plausibel sein, nicht unbegründet sein

Energie: ♄ Saturn

Die Hand reichen

Frage: Wem sollte ich die Hand (nicht mehr) reichen?

Erklärung: Sich versöhnen, einigen, verbünden, Gemeinsamkeit
                herstellen, jemandem entgegenkommen, auf jemanden
                zugehen/zukommen

Energie: ♀ Venus

Das Heft in die Hand nehmen

Frage: Wo sollte ich das Heft in die Hand nehmen?

Erklärung: Das Sagen haben, die Macht haben/übernehmen, die
                Kontrolle haben/übernehmen, derjenige sein, der die
                Entscheidungen trifft

Energie: ♄ Saturn

Die Hände/Finger im Spiel haben

Frage: Wo hatte ich die Hände im Spiel?

Erklärung: Mitmischen, beteiligt sein, mitwirken

Energie: ♂ Mars

Handgelenk

Was schränkt mich in meiner Handlungsfähigkeit ein? Wo bleibt die Flexibilität meiner Handlungsfreiheit? Wer oder was schränkt mich ein? Bin ich (auch mir gegenüber) ehrlich mit meinem Handeln?

Die Handlungsfreiheit und die Flexibilität werden dem **Merkur** zugeordnet. Die **Merkur**-Energie bezieht sich in erster Linie um die innere Handlungsfähigkeit und die innere Flexibilität. Wenn es um die äussere Umsetzung geht, kommt die **Mars**-Energie ins Spiel. Diese ist auch für allfällige Entzündungen verantwortlich. Sie entsteht aus der Wut heraus, wenn der Kampf (**Mars**-Energie) oder der innere Widerstand (**Uranus**-Energie) mit dem äusseren Handeln (**Saturn**-Energie) zu tun hat.

Eingeschränkte Handlungsfähigkeit
Frage:	Was schränkt mich in meiner Handlungsfähigkeit ein?
Erklärung:	Daran hindern, etwas zu tun, unfähig sein, etwas zu unternehmen, die Schranken setzen (einschränken im Tun)
Energie:	♄ Saturn

Flexible Handlungsfreiheit
Frage:	Wo bleibt die Flexibilität meiner Handlungsfreiheit?
Erklärung:	Anpassungsfähigkeit, angepasstes Verhalten, biegsam, elastisch
Energie:	♅ Uranus - ☿ Merkur

Eingeschränkt sein
Frage:	Wer oder was schränkt mich ein?
Erklärung:	Begrenzen, eingeengt sein, handicapiert sein, beeinträchtigt sein
Energie:	♄ Saturn

Ehrlich mit dem eigenen Handeln sein

Frage: Bin ich ehrlich (auch mir gegenüber) mit meinem Handeln?

Erklärung: Das Richtige machen, das Richtige denken und umsetzen

Energie: ♃ Jupiter - ♂ Mars

Hals/Halswirbelsäule

Wo sollte ich mehr nach links bzw. rechts schauen? Wo sollte ich nach vorne oder zurück schauen?

Bei der Halswirbelsäule als beweglichster Teil der Wirbelsäule geht es um die dynamischen Aspekte gegenüber den statischen Aspekten bei der gesamten Wirbelsäule. Also um die Beweglichkeit der Hauptachse, des Wendehalses. Die Halswirbelsäule ermöglicht es, mit dem Kopf den Überblick zu bewahren und ihm die Umsicht zu verschaffen. Die **Merkur**-Energie ist für die Beweglichkeit zuständig, auch im Sinne nach allen Seiten blicken zu wollen, vor allem aber für den Atlas (1. Halswirbel) und den Axis (2. Halswirbel). Dieser wird auch noch von **Jupiter** unterstützt, da er die Beweglichkeit des Atlas vergrössert. Wenn es um das Tragen der Last im Sinne des Hauptes (des Kopfes, des «Himmelgewölbes» – Mythos – und der damit verbundenen Welt) geht, dann kommt die **Saturn**-Energie zum Zuge.

Nach links und rechts schauen

Frage: Wo sollte ich mehr nach links bzw. rechts schauen?

Erklärung: Einen peripheren Blick einnehmen, den Horizont erweitern, die Scheuklappen ablegen

Energie: ♃ Jupiter - ♆ Neptun

Nach vorne schauen

Frage:	Wo sollte ich nach vorne schauen?
Erklärung:	Sich auf etwas fokussieren, nicht mehr zurückschauen, Lebensbejahung, Optimismus, positives Denken
Energie:	♃ Jupiter - ♅ Uranus

Hals/Nacken/Genick

Was liegt mir im Nacken/Genick? Was packt mich am Kragen/Genick? Wer oder was bricht mir das Genick? Was sitzt mir im Nacken?

Der Nacken bildet die Verbindung zwischen oben (Kopf) und unten (Körper). Dem Nacken wird eiserner Wille und Kraft zugeordnet (**Mars**-Energie). Welcher Wille ist gebrochen? Wer oder was ist so hartnäckig? Warum lasse ich den Kopf hängen?

Der Nacken ist auch ein Ort der Sinnlichkeit, der Empfindsamkeit und der Zärtlichkeit – der Sensibilität. Dies alles gehört zur **Venus**-Energie. Auch die Demut (**Chiron**-Energie) zeigt sich im (gebeugten) Nacken.

Das Genick brechen

Frage:	Wer oder was bricht mir das Genick?
Erklärung:	Sich ernsthaft verletzen, zu Fall bringen, ruinieren, vernichten, jemanden zugrunde richten
Energie:	♇ Pluto

Die Angst im Nacken sitzen

Frage:	Was für eine Angst sitzt mir im Nacken?
Erklärung:	Starke Angst oder Sorge, die jemanden drückt oder belastet. Oft im Zusammenhang mit einem Gefühl der Überforderung oder Unruhe
Energie:	♄ Saturn - ♆ Neptun

Am Genick packen

Frage:	Was packt mich am Genick?
Erklärung:	Jemanden an etwas hindern, jemanden am Nacken packen, damit er/sie aufhört
Energie:	♄ Saturn

Im Nacken sitzen

Frage:	Was sitzt mir im Nacken?
Erklärung:	Bedrohlich werden, bedrängen, löchern, unter Druck setzen, jemandem zusetzen
Energie:	♄ Saturn

Willen brechen

Frage:	Welcher Wille ist gebrochen? Wer bricht wem den Willen?
Erklärung:	Mit Gewalt oder Emotionen den Willen zerstören
Energie:	♂ Mars

Hartnäckig sein

Frage:	Wer oder was ist so hartnäckig?
Erklärung:	Eigensinnig an etwas festhalten, auf seiner Meinung beharren, unnachgiebig sein, nicht bereit, auf- oder nachzugeben
Energie:	☉ Sonne

Sich jemanden vom Hals halten

Frage:	Was sollte ich mir vom Halse halten?
Erklärung:	Jemanden meiden, den Kontakt zu jemandem meiden
Energie:	☿ Merkur

Den Kopf hängen lassen

Frage:	Warum lasse ich den Kopf hängen?
Erklärung:	Den Mut verlieren, die Hoffnung verlieren, enttäuscht sein, aufgeben, nicht mehr an sich glauben, resignieren, verzagen, verzweifeln
Energie:	☉ Sonne - ♆ Neptun

Hals/Rachen

Was möchte/kann ich nicht mehr schlucken? Was bleibt mir im Hals stecken? Was schlucke ich immer wieder runter? Warum platzt mir der Kragen? Was verschlägt mir die Sprache? Wo sollte ich Tacheles reden? Was schnürt mir den Hals zu?

Der Rachen symbolisiert Besitz (**Venus**-Energie) in Form von Einverleiben. Wenn man sich verschluckt, hat man sich übernommen – ist man gierig (**Pluto**-Energie). Der Rachen ist auch für die Abwehr (**Mars**-Energie) zuständig (Lymphsystem).

Etwas nicht mehr schlucken wollen

Frage: Was möchte/kann ich nicht mehr schlucken?

Erklärung: Es ist an der Zeit, etwas oder jemandem zu widersprechen, die Bedürfnisse/Gedanken/Meinungen mitzuteilen

Energie: ☿ Merkur

Im Hals stecken bleiben

Frage: Was bleibt mir im Hals stecken?

Erklärung: Unter psychischem Druck stehen, etwas nicht gut gekaut haben

Energie: ☽ Mond

Die Sprache verschlagen

Frage: Was verschlägt mir die Sprache?

Erklärung: Jemanden derart überraschen, dass er sprachlos ist

Energie: ☿ Merkur

Etwas runterschlucken

Frage: Was schlucke ich immer wieder runter?

Erklärung: Sich beherrschen, etwas zu tun, Abstand nehmen von etwas, aufhören, nicht machen, nicht tun, unterlassen, etwas bleibenlassen

Energie: ♂ Mars

Der Kragen platzt

Frage: Warum platzt mir der Kragen?

Erklärung: Sehr wütend sein oder werden, mit der Geduld am Ende
              sein, sauer sein, vor Wut explodieren

Energie: ♂ Mars

Tacheles reden

Frage: Wo sollte ich Tacheles reden?

Erklärung: Klartext reden, unverhüllt, ohne falsche Rücksicht seine
              Meinung sagen, ganz offen die Sachlage darstellen

Energie: ☿ Merkur

Den Hals zuschnüren

Frage: Was schnürt mir den Hals zu?

Erklärung: Durch starke Gefühle eng machen/werden, so dass Luft
              und Nahrung nur schwer passieren können

Energie: ☽ Mond

Den Hals nicht vollkriegen

Frage: Wovon kriege ich den Hals nicht voll?

Erklärung: Gierig sein, unersättlich sein, nie genug kriegen

Energie: ♃ Jupiter

Einen Hals auf jemanden haben

Frage: Auf wen habe ich einen Hals?

Erklärung: Verärgert über jemanden sein

Energie: ♇ Pluto

Etwas in den falschen Hals kriegen

Frage: Was habe ich in den falschen Hals gekriegt?

Erklärung: Etwas missverstehen und ärgerlich werden, sich wegen
              einer missverstandenen Äusserung beleidigt/angegrif-
              fen fühlen

Energie: ☿ Merkur

Haut

Wo könnte ich aus der Haut fahren? Warum bin ich dünn besaitet (dünne Haut)? Warum fühle ich mich nicht wohl in meiner Haut? Was geht mir unter die Haut?

Die Haut ist das grösste Organ des menschlichen Körpers. Sie wird auch als Landkarte der menschlichen Seele (**Mond**-Energie) bezeichnet. Das vergangene Leben wird auf der Haut gezeigt. Verletzungen und Narben bleiben ein Leben lang. Sie ist unser Schutzschild (**Mars**-Energie), unsere Abgrenzung (**Merkur**-Energie) und unsere Isolation (**Saturn**-Energie). Sie ist die Grenze zwischen dem Individuum, dem Ich und der Gemeinschaft. Die Haut ist der Spiegel der seelischen Innenwelt (**Mond**-Energie). Die Zärtlichkeit, die menschliche Wärme und die Zuwendung anderer über die Haut nehmen wir als Gegenpol zur Abgrenzung, als Liebe von aussen wahr (**Venus**-Energie). Mit dem Tastsinn und dem Kommunizieren, indem wir etwas Ausdruck verleihen, kommt die **Merkur**-Energie mit ins Spiel. Wo oder warum bin ich bis auf die Haut durchlässig?

Juckt es dich auf der Haut, egal aus welchen Gründen, fängt es an zu brennen. Du explodierst (**Saturn-Mars**-Energie) förmlich von innen heraus. Dein mangelndes Selbstbewusstsein verhindert, dass du aus der Haut fährst. Was kratzt mich nicht? Warum fühle ich mich gerade aufgekratzt? Da, wo es dich an deinem Körper juckt, zeigt dir deine Seele ziemlich genau, wo die Ursache liegt. Wo juckt es mich gerade?

Es juckt mich kann auch bedeuten, seine eigene Neugierde leben (**Venus**-Energie) zu wollen und sich trauen, dem nachzugeben, was einen reizt.

Aus der Haut fahren

Frage:	Wo könnte ich aus der Haut fahren?
Erklärung:	Seine schützende Haut verlassen, seine Gefühle deutlich zeigen
Energie:	☽ Mond

Dünn besaitet sein

Frage: Warum bin ich dünn besaitet (dünne Haut)?
Erklärung: Anfällig sein, dünnhäutig sein, empfindsam, empfindlich
             sein, sensibel sein, verletzlich sein, abwertend sein, mi-
             mosenhaft sein
Energie: ☾ Mond

Sich in seiner Haut nicht wohl fühlen

Frage: Warum fühle ich mich nicht wohl in meiner Haut?
Erklärung: Unzufrieden sein, sich unwohl fühlen
Energie: ☾ Mond

Unter die Haut gehen

Frage: Was geht mir unter die Haut?
Erklärung: Nahe gehen, tief berühren, tief bewegen, jemandem
             oder etwas zu Herzen gehen
Energie: ☾ Mond

Jemanden nicht kratzen

Frage: Was kratzt mich nicht?
Erklärung: Nicht interessiert sein, nicht stören, egal sein, abprallen,
             einerlei sein, gleichgültig lassen
Energie: ☿ Merkur

Jemanden gerade jucken

Frage: Wo juckt es mich gerade?
Erklärung: Am Kopf steht für Familie, an den Armen für die ande-
             ren, für die du zu viel tust oder auch an dem Bereich,
             wo du dich krampfhaft festhältst. Am Rumpf hat es et-
             was mit deinem Umfeld zu tun, und juckt es dich an den
             Beinen, ist es etwas, wovor du davonrennst oder wo du
             zu viele Meilen für andere zurückgelegt hast
Energie: ♅ Uranus

Sich aufgekratzt fühlen

Frage:	Warum fühle ich mich gerade aufgekratzt?
Erklärung:	In einer übertriebenen guten Stimmung sein, gut gelaunt sein, überfröhlich sein, beschwingt sein, sehr ausgelassen sein
Energie:	♃ Jupiter

Herz

Was liegt mir auf dem Herzen? Was bricht mir das Herz? Habe ich die Hand aufs Herz gelegt? Welcher Stein ist mir vom Herzen gefallen? Warum ist mir das Herz in die Hose gerutscht? Warum schlägt mir das Herz bis zum Hals? Wo muss ich meinem Herzen Luft machen? Wo trage ich mein Herz auf der Zunge? Was mache ich schweren Herzens? Wo sollte ich auf mein Herz hören? Wo sollte ich der Stimme des Herzens fühlen/horchen? Wo sollte ich auf mein Herz hören? Warum ist mein Herz (nicht) mehr auf dem rechten Fleck?

Das Herz ist wie die Lunge zweiteilig, also zwei Seiten oder genau genommen zwei Kammern mit je einem dazugehörigen Vorhof. Dazwischen befindet sich die Herzscheidewand, die Schwelle zwischen dem Diesseits und dem Jenseits, der Polarität des Herzens. Zu Beginn eines jeden Herzens hat dieses nur eine Kammer und erst mit der Zeit im geschützten Raum des Mutterleibes entwickelt sich die Herzscheidewand, damit das Herz für den ersten Atemzug bereit ist. Diese lebenswichtige «Mauer» im Herzen, die trennen muss, was lange eins war, muss sich nun in der Polarität bewähren.

In der traditionellen Astrologie wird das Herz klar dem **Löwen** bzw. der **Sonne** zugeordnet. Es wird als der Sitz der Seele (**Mond**-Energie), der Quelle des Lebens und der Lebensenergie (**Mars**-Energie) betrachtet. Das Herz wird als das Zentrum unserer Liebe und unserer Emotionen (**Venus**-Energie) dargestellt, als Heimat der Gefühle (**Venus-Mond**-Energie) und

Ängste (**Pluto**-Energie). Wem oder was gegenüber habe ich mein Herz verschlossen? Wo bleibt die Kraft des Lebens?

Das Herz symbolisiert kooperatives Verhalten, Resonanz, Tapferkeit, Grosszügigkeit und Mut (**Löwen**-Energie). Welche zentralen Themen lasse ich nicht (mehr) an mich heran?

*In der neuzeitlichen Astrologie, und hier ist der grösste Unterschied zur westlichen Astrologie zu erkennen, wird das Herz dem **Zwillinge** zugeordnet, gleich wie die Lunge – zwei Kammern bzw. zwei Flügel. Das Herz wird im Herzmuskel eigenständig von einem Nervenzentrum gesteuert, was der **Merkur**-Energie bzw. der **Zwillinge**-Energie entspricht. Die einzige physische Aufgabe des Herzens besteht darin, den gesamten Menschen mit Blut, Sauerstoff und allen notwendigen Informationen (**Merkur**-Energie) zu versorgen.*

Die Hand aufs Herz legen

Frage: Habe ich die Hand aufs Herz gelegt?
Erklärung: Die Wahrheit sagen
Energie: ♃ Jupiter

Etwas auf dem Herzen liegen

Frage: Was liegt mir auf dem Herzen?
Erklärung: Jemandem sehr wichtig sein, jemandem ein starkes inneres Bedürfnis sein, jemandem ein (wichtiges) Anliegen sein, jemandem eine Herzensangelegenheit sein
Energie: ♀ Venus

Jemandem das Herz brechen

Frage: Was bricht mir das Herz?
Erklärung: Sehr verletzt sein, über die Massen unglücklich machen, viel Kummer und Leid haben
Energie: ☽ Mond

Jemandem fällt ein Stein vom Herzen

Frage: Welcher Stein ist mir vom Herzen gefallen?
Erklärung: Erleichtert sein, eine schwere Last loswerden
Energie: ♅ Uranus

Jemandem rutscht das Herz in die Hose

Frage: Warum ist mir das Herz in die Hose gerutscht?
Erklärung: Angst haben, den Mut verlieren
Energie: ♇ Pluto - ♆ Neptun

Jemandem schlägt das Herz bis zum Hals

Frage: Warum schlägt mir das Herz bis zum Hals?
Erklärung: Jemand ist sehr aufgeregt, angespannt, freudig erregt,
      nervös
Energie: ☉ Sonne

Dem Herz Luft machen

Frage: Wo muss ich meinem Herzen Luft machen?
Erklärung: Sich von seinem Ärger befreien, das, was einen ärgert
      oder bedrückt, aussprechen
Energie: ⚷ Chiron

Das Herz auf der Zunge tragen

Frage: Wo trage ich mein Herz auf der Zunge?
Erklärung: Offen zu seinen Gefühlen stehen, seine Emotionen
      deutlich artikulieren
Energie: ☿ Merkur - ☽ Mond

Aufs Herz hören

Frage: Wo sollte ich auf mein Herz hören?
Erklärung: Nach Gefühlen/Intuition handeln, achtsam sein
Energie: ☽ Mond - ♆ Neptun

Schweren Herzens

Frage: Was mache ich schweren Herzens?

Erklärung: Angestrengt sein, Sorgen bereiten, Überwindung kosten, Bedenken, Zweifel haben, etwas sehr ungern tun, ganz bekümmert sein, im Widerspruch sein zum eigenen Gefühl

Energie: ♀ Venus

Der Stimme des Herzens horchen

Frage: Wo sollte ich der Stimme des Herzens fühlen/horchen?

Erklärung: Sich selbst erfahren, sich vollständig akzeptieren, sich vollständig lieben, dem eigenen Gewissen folgen

Energie: ☉ Sonne - ♀ Venus

Das Herz auf dem rechten Fleck tragen

Frage: Warum ist mein Herz (nicht) mehr auf dem rechten Fleck?

Erklärung: Uneigennützig, hilfsbereit und nett sein, gute Absichten haben, ehrlich sein

Energie: ♅ Uranus

Die Kraft des Lebens

Frage: Wo bleibt die Kraft des Lebens?

Erklärung: Chi gilt als die Lebenskraft, die durch jeden Menschen fliesst. Chi ist ein Energiestrom, der durch das Innere und Äussere des Körpers und auch durch physische Objekte fliesst. Wenn dein Chi stark ist, durchströmt es dich und erfüllt dich mit Leben und Gesundheit

Energie: ♂ Mars

Nichts mehr an sich (sein Herz) heranlassen

Frage: Welche zentralen Themen lasse ich nicht (mehr) an mich heran?

Erklärung: Sich verschliessen, nichts an sich heranlassen

Energie: ☽ Mond

Das Herz verschlossen haben

Frage: Wem oder was gegenüber habe ich mein Herz ver-
              schlossen?
Erklärung: Eine Mauer um sich und seine Gefühle gebaut haben,
              niemanden mehr an sich heranlassen, niemandem ver-
              trauen, enttäuscht worden sein
Energie: ☽ Mond

Sich ein Herz fassen

Frage: Wo sollte ich ein Herz fassen?
Erklärung: Mut fassen, mutig werden
Energie: ♂ Mars

Jemanden ins Herz schliessen

Frage: Wen oder was schliesse ich ins Herz?
Erklärung: Jemanden liebgewinnen
Energie: ♀ Venus

Jemandem lacht das Herz

Frage: Warum lacht mein Herz (nicht mehr)?
Erklärung: Jemand freut sich, jemand ist voller Freude
Energie: ☉ Sonne

Hoden

Was geht mir auf den Sack? Wo sollte ich Eier zeigen? Wer oder was packt
mich an den Eiern?

Die männlichen Geschlechtsorgane, die Hoden, entsprechen der männlichen Keimzelle zur Schöpfung von neuem Leben (**Pluto**-Energie). Die
Skorpion-Energie wird den Hoden auch daher zugeordnet, weil sie ausserhalb des Leibs im Hodensack und mit den Nebenhoden am tiefsten
von allen Organen liegen. Der Hoden steht für die männliche Energie, die
Fruchtbarkeit, Vitalität, Kreativität (**Löwen**-Energie). Den eigenen

männlichen Weg gehen, seine Anlagen nutzen und sein Potenzial aus-
schöpfen gehören zur **Mars**-Energie.

*Wenn man dem **Löwen** Schöpferkraft, Kinderliebe und Kreativität zuord-
net, dann gehören nach neuzeitlicher Astrologie die Leber (Liver = Leben),
die Eierstöcke und die Hoden für die Schaffung von Leben der **Sonne** zugeordnet.*

Auf den Sack gehen

Frage:	Was geht mir auf den Sack?
Erklärung:	Tierisch nerven, anöden, auf die Nerven gehen, geärgert werden
Energie:	♇ Pluto

Eier zeigen

Frage:	Wo sollte ich Eier zeigen?
Erklärung:	Zu sich stehen, für etwas einstehen, Mut zeigen
Energie:	☉ Sonne

An den Eiern packen

Frage:	Wer oder was packt mich an den Eiern?
Erklärung:	Jemandem arg zusetzen, intensiv bearbeiten, jemanden hart angehen, jemanden nicht schonen, jemandem die Hölle heissmachen
Energie:	♂ Mars

Hüfte/Hüftgelenk

Was läuft nicht wie geschmiert? Wo oder was habe ich masslos übertrieben? Wo habe ich zu grosse Schritte gemacht? Wo habe ich einen Klotz
am Bein?

In den Hüftgelenken starten die Bewegungen (**Merkur**-Energie) der
Beine. Sie bringen uns nach vorne, nach oben, aber auch nach unten bzw.
wir machen Rückschritte. Die Beine bzw. die Beweglichkeit in den

Hüftgelenken sind Sinnbild für die sowohl innere als auch äussere Reise (**Jupiter**-Energie).

Wie geschmiert laufen

Frage: Was läuft nicht wie geschmiert?

Erklärung: Sich gut entwickeln, auf einem guten Weg sein, gut laufen

Energie: ♃ Jupiter

Zu grosse Schritte gemachen

Frage: Wo habe ich zu grosse Schritte gemacht?

Erklärung: (Zu) schnell vorangehen, zu viel erreichen wollen

Energie: ♃ Jupiter

Etwas masslos übertreiben

Frage: Wo oder was habe ich masslos übertrieben?

Erklärung: Unmässig, extrem stark, extrem übertreiben, ausufern, den Rahmen sprengen, den Bogen überspannen

Energie: ♇ Pluto - ♃ Jupiter

Einen Klotz am Bein haben

Frage: Wo habe ich einen Klotz am Bein?

Erklärung: Unangenehme Verpflichtung übernommen haben, unangenehme Belastung auf sich genommen haben

Energie: ♄ Saturn

Kiefer

Womit habe ich zu beissen? Wo muss ich durchbeissen? Was hat mir einen Kinnhaken versetzt?

Der Kiefer ist mit seiner kräftigen Muskulatur (**Mars**-Energie) für die Kaubewegung (**Merkur**-Energie) verantwortlich. Er prägt das Aussehen und symbolisiert Selbstausdruck, Zielstrebigkeit, Durchsetzungsfähigkeit (**Saturn**-Energie). Im Kiefergelenk finden Spiele der oberen Mächte (Merkur-

Energie im Oberkiefer) und der unteren Mächte (**Pluto**-Energie im Unterkiefer) statt. Harmonie ermöglicht eine ausgleichende und ganzheitliche Funktionalität (**Waage**-Energie) des Kiefers.

Zu beissen haben

Frage: Womit habe ich zu beissen?

Erklärung: Mit einer Situation nicht klarkommen, überfordert sein, nicht eingestehen können, nicht akzeptieren können, sich schwertun

Energie: ♄ Saturn

Durchbeissen

Frage: Wo muss ich durchbeissen?

Erklärung: Sich mit Mühe, aber hartnäckig durch Schwierigkeiten kämpfen

Energie: ♄ Saturn

Einen Kinnhaken bekommen

Frage: Was hat mir einen Kinnhaken versetzt?

Erklärung: Schmerzhafte Erkenntnis, einen Hieb/Faustschlag versetzt bekommen, Tiefschlag, unfaire Behandlung bekommen

Energie: ☿ Merkur

Knie(gelenk)

Was zwingt mich in die Knie? Was habe ich übers Knie gebrochen? Warum sollte ich in die Knie gehen? Wovor schlottern meine Knie?

Dem Kniegelenk, als bewegliche Verbindung zwischen Oberschenkel (**Schütze**-Energie), der aus seelischer Sicht für die mitgebrachten (ererbten) Kräfte steht und des Unterschenkels (**Wassermann**-Energie), der für das selbst Aufgebaute steht, wird der **Saturn**-Energie zugeordnet. Das Kniegelenk ermöglicht dir, dich gerade hinzustellen oder dich zu «beugen», dich zu unterwerfen. Warum bin ich nicht mehr beugsam?

Das Kniegelenk ist das komplexeste Gelenk im gesamten menschlichen Körper. Dazu gehören auch die Menisken und die Schleimbeutel, welche dazu beitragen, dass es einwandfrei funktioniert. Die Schleimbeutel sorgen für die Gelenkschmiere und zeigen auf, wie es zwischen dir und deinen Vorfahren läuft und wo die Wut (**Mars**-Energie) über die eigene seelisch nicht akzeptierte Unterwürfigkeit unterdrückt wird. Erkennst du das Bedürfnis (**Mond**-Energie), dich so zu anerkennen (**Sonne**-Energie), wie du bist und dir selbst zu dienen? Läuft es wie geschmiert?

Dem **Meniskus** wird die **Merkur**-Energie zugeordnet, da der Meniskus mit der schützenden Kniescheibe die Verbindung zwischen Oberschenkelknochen und Unterschenkelknochen herstellt. Zu seinen Aufgaben gehört das Abfedern von Stössen, das Ausgleichen von Kräften und das leichte Gleiten der Gelenkflächen. Welche Stösse muss ich abfedern? Wo sind meine Kräfte nicht mehr ausgeglichen? Wo läuft es aus dem Ruder?

Für die Kreuz- und Seitenbänder findest du die Informationen im Kapitel Bänder und Sehnen.

In die Knie zwingen

Frage:	Was zwingt mich in die Knie?
Erklärung:	Jemanden oder etwas besiegen, erobern, zur Aufgabe zwingen, gefügig machen
Energie:	♄ Saturn

Übers Knie brechen

Frage:	Was habe ich übers Knie gebrochen?
Erklärung:	Etwas übereilt entscheiden, jemanden/etwas demütigen, indem man sich nicht angemessen Zeit für dessen Anliegen nimmt
Energie:	♂ Mars

In die Knie gehen

Frage:	Warum sollte ich in die Knie gehen?
Erklärung:	Demütig sein, sich unterwerfen
Energie:	⚷ Chiron

Schlottrige Knie haben

Frage: Wovor schlottern meine Knie?

Erklärung: Angst vor etwas haben

Energie: ⚷ Chiron - ♄ Saturn

Beugsam / flexibel sein

Frage: Warum bin ich nicht mehr beugsam?

Erklärung: Bockig, dickköpfig, störrisch, trotzig, unfügsam, wider-
borstig, widersetzlich, widerspenstig

Energie: ♂ Mars

Wie geschmiert laufen

Frage: Läuft es wie geschmiert?

Erklärung: Sich gut entwickeln, auf einem guten Weg sein, gut da-
stehen

Energie: ♃ Jupiter

Stösse abfedern

Frage: Welche Stösse muss ich abfedern?

Erklärung: Hohen, akuten Belastungen oder Belästigungen stand-
halten

Energie: ♂ Mars

Ausgeglichene Kräfte / Balance haben

Frage: Wo sind meine Kräfte nicht mehr ausgeglichen?

Erklärung: Dysbalance, Ungleichgewicht, Schieflage

Energie: ♀ Venus

Aus dem Ruder gleiten

Frage: Wo gleitet es aus dem Ruder?

Erklärung: Entgleisen, nicht mehr unter Kontrolle haben, ausser
Kontrolle geraten, nicht mehr wissen, was man tut

Energie: ♄ Saturn

Sich ins eigene Knie schiessen

Frage:	Wo schiesse ich mir selbst ins Knie?
Erklärung:	Sich selbst schaden
Energie:	♂ Mars - ⚷ Chiron

Knochen

Was geht dir durch Knochen und Mark (Mark und Bein)? Wo muss ich die Knochen hinhalten? Was geht mir bis auf die Knochen? Warum tun mir alle Knochen weh? Wer oder was fährt mir in die Knochen? Warum spüre ich es in den Knochen?

Die Knochen werden dem **Steinbock** und seiner **Saturn**-Energie zugeordnet. Sie sorgen unter anderem für den (inneren) Halt und die Stabilität im Körper und geben diesem die Struktur. Sie ermöglichen den aufrechten Gang, verleihen Grösse und gehören neben den Zähnen zu den stärksten Teilen im menschlichen Körper. Brechen die Knochen, war die **Uranus**-Energie am Werk. Wo bin ich (mit mir) zu hart ins Gericht gegangen (**Saturn**-Energie)? Wo muss ich Stärke (**Mars**-Energie) zeigen? Wo habe ich mich zu gross gemacht (**Jupiter**-Energie)?

Durch Knochen und Mark (Mark und Bein) gehen

Frage:	Was geht dir durch Knochen und Mark (Mark und Bein)?
Erklärung:	Durchdringend sein, emotional aufwühlen, etwas als besonders unangenehm empfinden
Energie:	☽ Mond

Alle Knochen weh tun

Frage:	Warum tun mir alle Knochen weh?
Erklärung:	Grosse Schmerzen haben, am ganzen Leib Schmerzen verspüren
Energie:	⚷ Chiron

Die Knochen hinhalten

Frage: Wo muss ich die Knochen hinhalten?

Erklärung: Sich einsetzen für, agieren für/gegen, sich bemühen um, sich anstrengen, sich alle Mühe geben, alle Register ziehen

Energie: ♂ Mars

Bis auf die Knochen gehen

Frage: Was geht mir bis auf die Knochen?

Erklärung: Durch und durch, in reinster Ausprägung, in höchstem Masse, vom ganzen Wesen, bis ins Innerste betroffen sein

Energie: ♇ Pluto

In die Knochen fahren

Frage: Wer oder was fährt mir in die Knochen?

Erklärung: Jemanden sehr berühren, erschrecken, betroffen machen, überwältigen, jemanden körperlich belasten, zur Erschöpfung treiben

Energie: ☽ Mond

In den Knochen spüren

Frage: Warum spüre ich es in den Knochen?

Erklärung: Anstrengung in den Gliedern fühlen

Energie: ♂ Mars

Hart ins Gericht gehen

Frage: Wo bin ich (mit mir) zu hart ins Gericht gegangen?

Erklärung: In der Luft zerreissen, in Grund und Boden verdammen, kein gutes Haar lassen, scharf kritisieren, schwere Geschütze auffahren, vernichtend kritisieren, verreissen, (Punkt für Punkt) auseinandernehmen

Energie: ♄ Saturn

Stärke zeigen

Frage: Wo muss ich Stärke zeigen?
Erklärung: Die Muskeln spielen lassen, auftrumpfen, energisch die
                Meinung sagen/vertreten
Energie: ♂ Mars

Sich gross machen

Frage: Wo habe ich mich zu gross gemacht?
Erklärung: Sich rühmen, prahlen, sich wichtigmachen
Energie: ♃ Jupiter

Kopf

Wofür muss ich den Kopf hinhalten? Worüber zerbreche ich mir den
Kopf? Wo habe ich ein Brett vor dem Kopf? Wo habe ich den Kopf verloren? Wo sollte ich mir keinen Kopf machen? Warum raucht mir der Kopf?
Warum lasse ich den Kopf hängen? Wo ziehe ich den Kopf ein? Wo setze
ich den eigenen Kopf durch? Wo wachse ich über den eigenen Kopf hinaus? Wo steht mir der Kopf? Wer wäscht mir den Kopf? Wo möchte ich
mit dem Kopf durch die Wand? Warum setze ich den Kopf in den Sand?
Wo sollte ich einen kühlen Kopf bewahren?

Dem Kopf, dem «Haupt» des Körpers, der persönlichen Weltkugel des
Mikrokosmos und obersten Instanz der körperlichen Intuition, werden
wie der Hand gleich mehrere Planeten zugeordnet, je nachdem um welche Energie es sich handelt. Die **Sonnen**-Energie, welche für das Ich-Bewusstsein steht, meine Persönlichkeit, wo es um mein Ego geht. Auch
wenn es um die Schöpferkraft, das Selbstbewusstsein, die Selbstentfal-
tung, das Selbstvertrauen oder die Selbstverwirklichung geht, strahlt die
Sonne ihre Energie aus. Die **Mars**-Energie lässt die Kraft mit der Steuerung der Motorik aus dem Mittelhirn zeigen, wenn es darum geht, dem
in Gedanken entstandenen Willen (**Merkur**-Energie) zum physischen
Durchbruch zu verhelfen und um etwas durchzusetzen. Auch der Egois-
mus und der Eigensinn werden dem Mars zugeordnet. Bei der **Merkur**-

Energie dreht sich alles um den Geist, die Gedanken, um die (geistige) Kommunikation, ums Strukturieren und Ordnen (**Merkur**-Energie). Die **Uranus**-Energie stellt die Verbindung zum Göttlichen, dem Universellen, dem transzendentalen Himmel her.

Den Kopf hinhalten

Frage:	Wofür muss ich den Kopf hinhalten?
Erklärung:	Sich schuldig bekennen (scherzhaft-ironisch), sich seiner Verantwortung stellen, sich verantwortlich erklären, für etwas die Verantwortung übernehmen, auf die eigene Kappe nehmen
Energie:	♄ Saturn

Ein Brett vor dem Kopf haben

Frage:	Wo habe ich ein Brett vor dem Kopf?
Erklärung:	Begriffsstutzig sein, etwas nicht verstehen
Energie:	☿ Merkur

Den Kopf verlieren

Frage:	Wo habe ich den Kopf verloren?
Erklärung:	In Panik geraten und unüberlegt handeln
Energie:	♂ Mars

Den Kopf zerbrechen

Frage:	Worüber zerbreche ich mir den Kopf?
Erklärung:	Angestrengtes Nachdenken mit dem Ziel, ein schwieriges Problem zu lösen
Energie:	☿ Merkur

Sich keinen Kopf machen

Frage:	Wo sollte ich mir keinen Kopf machen?
Erklärung:	Gedankenlos sein, keine grossen Gedanken machen, sich keine Sorgen machen
Energie:	☿ Merkur

Es raucht im Kopf

Frage: Warum raucht mir der Kopf?

Erklärung: Angestrengt nachdenken, angestrengt und lange disku-
                tieren

Energie: ☿ Merkur

Den Kopf hängen lassen

Frage: Warum lasse ich den Kopf hängen?

Erklärung: Den Mut verlieren, die Hoffnung verlieren, enttäuscht
                sein, aufgeben, nicht mehr an sich glauben, resignieren,
                verzagen, verzweifeln

Energie: ♂ Mars

Den Kopf einziehen

Frage: Wo ziehe ich den Kopf ein?

Erklärung: Einlenken, Einsehen haben, sich einsichtig zeigen, sich
                fügen

Energie: ♀ Venus

Nicht wissen, wo einem der Kopf steht

Frage: Wo steht mir der Kopf?

Erklärung: Nicht wissen, womit man anfangen soll, nicht wissen,
                wie man das alles schaffen soll

Energie: ☿ Merkur

Jemandem den Kopf waschen

Frage: Wer wäscht mir den Kopf?

Erklärung: Jemandem seine Meinung sagen, jemanden scharf zu-
                rechtweisen

Energie: ♄ Saturn - ☿ Merkur

Etwas an den Kopf werfen

Frage: Was wurde mir an den Kopf geworfen?

Erklärung: Jemandem etwas vorwerfen, jemandem einen Vorwurf
                machen

Energie: ♄ Saturn

Einen kühlen Kopf bewahren

Frage: Wo sollte ich einen kühlen Kopf bewahren?

Erklärung: Aus Überlegungen die Gefühle heraushalten, sich auf sachliche Argumente beziehen

Energie: ♀ Venus - ☿ Merkur

Den Kopf durchsetzen, mit dem Kopf durch die Wand

Frage: Wo setzte ich den eigenen Kopf durch? Wo möchte ich mit dem Kopf durch die Wand?

Erklärung: Auf Biegen und Brechen erzwingen wollen, mit aller Gewalt durchsetzen wollen, unbedingt seinen Willen bekommen

Energie: ♂ Mars

Den Kopf in den Sand stecken

Frage: Warum stecke ich den Kopf in den Sand?

Erklärung: Die Augen vor einer unangenehmen Tatsache verschliessen oder eine drohende Gefahr nicht sehen wollen

Energie: ♆ Neptun

Vor den Kopf stossen

Frage: Was stösst mich vor den Kopf?

Erklärung: Jemanden brüskieren, jemanden durch sein Verhalten oder seine Äusserungen kränken

Energie: ♇ Pluto

Über den Kopf hinauswachsen

Frage: Was wächst mir über den eigenen Kopf hinaus?

Erklärung: Der Lage nicht Herr werden, im Chaos versinken, nicht bewältigen können, etwas nicht gewachsen sein, etwas nicht in den Griff bekommen, etwas nicht schaffen, überfordert sein, ein paar Nummern zu gross sein

Energie: ♂ Mars

Sich etwas in den Kopf setzen

Frage: Was habe ich mir in den Kopf gesetzt?

Erklärung: Sich etwas fest vornehmen, etwas unbedingt tun wollen

Energie: ♂ Mars

Jemandem den Kopf verdrehen

Frage: Wer hat mir den Kopf verdreht?

Erklärung: Jemanden verliebt machen, jemanden betören, jeman-
                den so sehr beeindrucken, dass er nicht mehr klar den-
                ken kann

Energie: ♀ Venus - ☿ Merkur

Flausen im Kopf haben

Frage: Welche Flausen habe ich im Kopf?

Erklärung: Verrückte Ideen oder Pläne haben

Energie: ♅ Uranus

Leber

Wo rede ich frei von der Leber weg? Wann ist mir eine Laus über die Leber gelaufen?

Die Leber ist ein unglaubliches Organ. Sie kann sich selbst erneuern, selbst wenn mehr als die Hälfte von ihr entfernt wird. Sie schafft es, sich innert kürzester Zeit zu regenerieren, auch nach extremen Vergiftungen. Ihr wird die **Jupiter**-Energie zugeordnet, ganz im Sinne von «ich kann noch viel mehr». Auch die **Sonnen**-Energie beeinflusst die Leber, indem sie als schöpferisches Organ immer wieder neues Leben (Leber) schafft. Zur **Sonnen**-Energie gehören auch die Regeneration, der Zellaufbau und die (Leber-) Lebensenergie. Zu den Funktionen der Leber gehören der Stoffwechsel, die Entgiftung des Blutes (auch **Pluto**-Energie) und sie ist für ein funktionierendes Immunsystem unverzichtbar. Als Gallensäureproduzent ist die Leber auch am Aggressionsausdruck beteiligt (**Mars-Pluto**-Energie). Was macht mich gallig?

Frei von der Leber weg reden

Frage:	Wo rede ich frei von der Leber weg?
Erklärung:	Etwas offen aussprechen, ohne Scheu
Energie:	☿ Merkur

Jemandem ist eine Laus über die Leber gelaufen / gekrochen

Frage:	Wann ist mir eine Laus über die Leber gelaufen / gekrochen?
Erklärung:	Nicht gut drauf sein, sich über etwas (eine Kleinigkeit) ärgern, schlechte Laune haben
Energie:	☽ Mond

Etwas gallig machen

Frage:	Was macht mich gallig?
Erklärung:	Verbittert sein, mürrisch, verärgert, unangenehm, aggressiv sein oder machen
Energie:	♇ Pluto

Lippen

Wo habe ich eine dicke Lippe riskiert? An welchen Lippen hänge ich? Warum sind meine Lippen verschlossen? Warum muss ich mir auf die Lippen beissen? Welchen Wunsch darf ich von den Lippen lesen?

Bei den Lippen ist es wie beim Kiefer. Die Oberlippen werden der geistig-seelischen Veranlagung (**Merkur-Mond**-Energie) zugeordnet und die Unterlippen der Sinnlichkeit (**Venus**-Energie) und der selbstgeschaffenen Situation.

Eine dicke Lippe riskieren

Frage:	Wo habe ich eine dicke Lippe riskiert?
Erklärung:	Frech, vorlaut, dreist, keck sein
Energie:	☿ Merkur

An Lippen hängen

Frage:	An welchen Lippen hänge ich?
Erklärung:	Jemanden anschmachten, in den Himmel heben, anhimmeln, in verklärtem Licht sehen, umschwärmen
Energie:	☉ Sonne

Verschlossene Lippen haben

Frage:	Warum sind meine Lippen verschlossen?
Erklärung:	Nichts sagen, stumm sein, in Schweigen hüllen, stillschweigen
Energie:	☿ Merkur

Auf die Lippen beissen

Frage:	Warum muss ich mir auf die Lippen beissen?
Erklärung:	Stress haben, an etwas zu knabbern haben, besorgt sein, etwas verkneifen, verschweigen
Energie:	♄ Saturn - ♅ Uranus

Jeden Wunsch von den Lippen ablesen

Frage:	Welchen Wunsch kann ich von den Lippen lesen?
Erklärung:	Intuitiv wissen, was das Gegenüber sich wünscht
Energie:	♆ Neptun

Lunge

siehe Atemwege

Magen/Darm/Verdauung

Was kann ich schwer verdauen? Was ist in meinem Leben gerade zum Kotzen? Was stösst mir sauer auf? Was schlägt/liegt mir auf den Magen? Welche Liebe geht (nicht) durch den Magen? Was fresse ich in mich hinein? Was für ein Bauchgefühl habe ich?

Das Tierkreiszeichen **Krebs** mit seiner **Mond**-Energie ist definitiv mit dem Bauchraum in Verbindung zu bringen, sowohl dem Fühlen oder den Gefühlen wie auch dem unteren Verdauungstrakt. Der Verdauungstrakt beginnt beim Mund (siehe Kapitel Mund) und geht über den Rachen (siehe Kapitel Hals/Rachen), Speiseröhre, Magen (**Mond-Mars**-Energie), Dünn- und Dickdarm (**Merkur**-Energie, wobei der Dickdarm auch **Pluto**-Energie hat) bis zum After (**Pluto**-Energie). Ausserdem produzieren alle Organe, die dem Verdauungstrakt zugerechnet werden, Säfte (**Krebs**-Energie).

Der Magen bewahrt alles auf, was wir geschluckt haben, auch sinnbildlich. Seine Form ähnelt dem **Mond** und entspricht auch dessen Energie, wenn es um die Gefühle und die Geborgenheit geht. Sobald es um die Zersetzung der Nahrung geht, kommt die **Mars**-Energie zum Zuge. Was habe ich runtergeschluckt und kann es nur schwer verdauen?

Der Darm als Aufnahmeort, Zerlegungsort und Assimilation der materiellen Welt nimmt das Lebenswichtige auf (**Merkur**-Energie) und scheidet das Überflüssige aus (**Pluto**-Energie).

Der Dünndarm analysiert, bewertet und assimiliert das Heruntergeschluckte (**Merkur**-Energie). Er macht Fremdes, die Nahrung, zu eigen und nimmt diese in die innerste eigene Welt auf.

Der Dickdarm nimmt über die Darmzotten Leben (Energie, Moleküle) auf und lässt Altes los bzw. scheidet dieses aus (**Pluto**-Energie).

Schwer zu verdauen

Frage:	Was kann ich schwer verdauen?
Erklärung:	Mit etwas nicht klarkommen, Situationen nicht akzeptieren können
Energie:	⚷ Chiron - ♇ Pluto

Sauer aufstossen

Frage:	Was stösst mir sauer auf?
Erklärung:	Ärgern, unbekömmlich sein, ungelegen kommen
Energie:	♂ Mars

Zum Kotzen sein

Frage:	Was ist in meinem Leben gerade zum Kotzen?
Erklärung:	Etwas widerlich finden, unerträglich, abscheulich, abstossend sein
Energie:	⚷ Chiron - ♇ Pluto

Auf den/dem Magen schlagen/liegen

Frage:	Was schlägt/liegt mir auf dem Magen?
Erklärung:	Einem die gute Laune nehmen, die Laune verderben, abtörnen, die Stimmung vermiesen, unausgesprochene Probleme mit sich herumschleppen, jemanden nicht leiden können, etwas nicht annehmen können
Energie:	☽ Mond

Liebe geht durch den Magen

Frage:	Welche Liebe geht (nicht) durch den Magen?
Erklärung:	Gutes Essen intensiviert die Liebe und die Libido (Lust)
Energie:	♀ Venus

In sich hineinfressen

Frage:	Was fresse ich in mich hinein?
Erklärung:	Etwas horten, gierig sein, hineinschlingen (oft negativ)
Energie:	♀ Venus

Bauchgefühl haben

Frage:	Was für ein Bauchgefühl habe ich?
Erklärung:	Eine auf Intuition und nicht auf rationaler Überlegung beruhende Einschätzung von etwas haben
Energie:	☽ Mond

Schwer zu verdauen haben

Frage:	Was habe ich runtergeschluckt und kann es nur schwer verdauen?
Erklärung:	Etwas Unangenehmes geschluckt haben, unwillig akzeptiert haben
Energie:	♂ Mars

Mund

Mit was habe ich den Mund zu voll genommen? Wo sollte ich den Mund auf machen? Wo sollte ich den Mund halten? Wer schmiert mir Honig um den Mund? Wo habe ich kein Blatt vor den Mund genommen? Warum habe ich eines aufs Maul bekommen?

Die Lippen als Symbol der Sinnlichkeit, der Erotik und der Schönheit und der Mund mit seiner Form und Funktion sowie seinen erotischen und verführerischen Verlockungen wird der **Venus**-Energie zugeordnet. Die **Merkur**-Energie bekommt der Mund wegen der Artikulation und der Ausdruckmöglichkeit dank seinen Lippen und den Stimmbändern und die **Mond**-Energie dank der Möglichkeit, die Nahrung über den Mund aufzunehmen.

Den Mund zu voll nehmen

Frage:	Wann habe ich den Mund zu voll genommen?
Erklärung:	Jemandem zu viel versprechen, unrealistische Erwartungen wecken, jemandem das Blaue vom Himmel versprechen, jemandem die tollsten Versprechungen machen
Energie:	♃ Jupiter - ♆ Neptun

Den Mund aufmachen

Frage:	Wo sollte ich den Mund auf machen?
Erklärung:	Seine Meinung sagen, sich artikulieren, etwas kommunizieren/kommentieren, seine Meinung zum Ausdruck bringen
Energie:	☿ Merkur

Kein Blatt vor den Mund nehmen

Frage:	Wo habe ich kein Blatt vor den Mund genommen?
Erklärung:	Offen und ehrlich seine Meinung sagen
Energie:	☿ Merkur

Mit offenem Mund dastehen/dasitzen

Frage: Warum stehe ich mit offenem Mund da?
Erklärung: Erstaunt sein, verblüfft sein, verwundert sein
Energie: ♆ Neptun

Den Mund halten

Frage: Wo sollte ich den Mund halten?
Erklärung: Kein Wort verlieren, schweigen, keine Antwort geben,
                nichts sagen, stumm bleiben, sich in Schweigen hüllen
Energie: ☿ Merkur

Den Honig um den Mund schmieren

Frage: Wer schmiert mir Honig um den Mund?
Erklärung: Jemand schmeichelt sich ein, will sich beim Gesprächs-
                partner beliebt machen
Energie: ♆ Neptun

Eines auf das Maul kriegen

Frage: Warum habe ich eines aufs Maul gekriegt?
Erklärung: Einen Schlag ins Gesicht bekommen, auf massive Ableh-
                nung stossen, in Stücke gerissen werden
Energie: ♂ Mars - ♇ Pluto

Muskulatur

Was möchte ich krampfhaft festhalten? Wo lasse ich die Muskeln spielen? Wo strotze ich vor Muskeln? Warum sind meine Muskeln schwach?

Der Muskulatur wird klar die **Mars**-Energie zugeordnet. Der **Mars** als Inbegriff für die (Lebens-)Kraft, die Dynamik, den Antrieb des Körpers und
des Lebens und die Spannung und Entspannung in einem (Polarität). Der
Mars aktiviert, sorgt für Beweglichkeit und Flexibilität und verteidigt sowohl im körperlichen als auch im seelischen Bereich mit seinem Muskel-
und Charakterpanzer.

Ein Muskel kann sich auf unterschiedliche Art und Weise verletzen oder erkranken. Entsprechend sind auch andere Planeten mit im Spiel. Bei krampfhafter Anspannung (**Pluto**-Energie) braucht es einen Gegenpol von Entspannung – loslassen (**Uranus**-Energie). Findet keine genügende Entspannung statt, reisst oder zerrt sich der Muskel los (**Uranus**-Energie). Kommt es zu einer Blockade oder einem Krampf im Muskel, so ist dies die **Saturn**-Energie und ist man nicht mehr im Vollbesitz seiner Kräfte und muss seine eigenen Ansprüche zurücknehmen, dann ist dies **Neptun**-Energie. Wo bin ich dauernd auf dem Sprung? Wo stehe ich mir im Wege? Wo möchte ich die Unterstützung anderer sichern?

Die Muskeln spielen lassen

Frage:	Wo lasse ich die Muskeln spielen?
Erklärung:	Die eigene Stärke oder Macht demonstrieren
Energie:	♂ Mars

Etwas krampfhaft festhalten

Frage:	Was möchte ich krampfhaft festhalten?
Erklärung:	Unsicherheit über die Konsequenzen, an etwas hängen, nicht aufgeben wollen, nicht einsehen wollen, Angst vor Veränderung
Energie:	♅ Uranus

Vor Muskeln strotzen

Frage:	Wo strotze ich vor Muskeln?
Erklärung:	Austrainiert sein, kräftig aussehen, vor Muskelkraft nicht laufen können, bedrohlich erscheinen/wirken
Energie:	♂ Mars

Schwache Muskeln haben

Frage:	Warum sind meine Muskeln ganz schwach?
Erklärung:	Keine Kraft mehr haben, auf andere angewiesen sein
Energie:	♂ Mars

Auf dem Sprung sein

Frage:	Wo bin ich dauernd auf dem Sprung?
Erklärung:	Gerade weggehen wollen, sofort zur Tür raus wollen, zum Aufbruch bereit sein
Energie:	♂ Mars

Sich im Wege stehen

Frage:	Wo stehe ich mir im Wege?
Erklärung:	Innere mentale oder emotionale Barriere, die uns daran hindert, Ziele zu erreichen oder Aufgaben überhaupt erst anzufangen
Energie:	☽ Mond - ♆ Neptun

Fremde Hilfe suchen

Frage:	Wo möchte ich die Unterstützung anderer sichern?
Erklärung:	Sich jemanden verschaffen, dafür sorgen, dass ein anderer...
Energie:	♅ Uranus

Nägel

Was brennt mir unter den Nägeln? Wo möchte ich meine Krallen zeigen? Woran kralle ich mich fest? Warum wetze ich meine Krallen? Wo möchte ich mir etwas unter den Nagel reissen?

Die Nägel stehen für den Lebenskampf, für die Aggression zu überleben und sich zu beschützen (**Mars**-Energie). Werden die Krallen ausgefahren, ist Angst im Spiel und es werden Grenzen gesetzt (**Saturn**-Energie). Mit den Krallen/Nägeln kann man sich auch festhalten/festkrallen (**Saturn**-Energie). An was möchte ich mich festhalten?

Die Krallen wetzen

Frage:	Warum wetze ich meine Krallen?
Erklärung:	Aggressionen freisetzen, sich für einen Kampf rüsten
Energie:	♂ Mars

Die Krallen ausfahren / zeigen

Frage: Wo möchte ich meine Krallen zeigen?

Erklärung: Der Aggression Ausdruck verleihen, drohen, Streit suchen

Energie: ♂ Mars

Sich an etwas festkrallen

Frage: Woran kralle ich mich fest?

Erklärung: An etwas festhalten, was vielleicht nicht gut ist für sich, nicht mehr loslassen können

Energie: ♄ Saturn

Unter den Nägeln brennen

Frage: Was brennt mir unter den Nägeln?

Erklärung: Jemandem sehr wichtig sein, jemandem so wichtig sein, dass er/sie etwas gegenüber einer anderen Person unbedingt äussern oder sie fragen möchte

Energie: ☿ Merkur

An etwas festhalten

Frage: An was möchte ich mich festhalten?

Erklärung: Nicht loslassen wollen, obwohl es Sinn machen würde, festhalten

Energie: ♅ Uranus

Unter den Nagel reissen

Frage: Wo möchte ich mir etwas unter den Nagel reissen?

Erklärung: Gieriges Verhalten zeigen, etwas einheimsen, etwas einsacken, etwas einstecken, etwas sich einverleiben, etwas kassieren, etwas zusammenraffen

Energie: ♃ Jupiter

Nase

Wovon habe ich die Nase voll? Was kann ich nicht mehr riechen? Warum habe ich eins auf die Nase bekommen? Was führt mich an der Nase herum? Was tanzt mir auf der Nase herum? Wer hat mir etwas auf die Nase gebunden? Wo sollte ich mich an die Nase fassen? Wo trage ich die Nase zu hoch?

Die Nase ist Ausdruck der Persönlichkeit (**Mars**-Energie) und das Organ der Kontaktaufnahme (**Merkur**-Energie), sich beschnuppern – riecht jemand gut oder auch nicht. Sie dient als Sinneswahrnehmung und schafft Vertrauen durch gegenseitiges Beschnuppern (**Merkur**-Energie). Mit der Nase können Gefahren (**Mars**-Energie) gerochen werden. Sie dient auch als Filter und Aufwärmung für die eingeatmete Luft (**Merkur**-Energie). Läuft die Nase, verlangt sie nach Aufmerksamkeit und Geborgenheit.

Die Nasennebenhöhlen (**Pluto**-Energie) stehen in Zusammenhang mit Machtlosigkeit (**Pluto**-Energie) gegenüber Menschen und Situationen.

Die Nase voll haben.

Frage:	Wovon oder von wem habe ich die Nase voll?
Erklärung:	Von etwas genug haben, etwas satthaben, von etwas genervt sein
Energie:	♃ Jupiter

Nicht mehr riechen können

Frage:	Was oder wen kann ich nicht mehr riechen?
Erklärung:	Jemanden unsympathisch finden, jemanden oder etwas nicht (mehr) leiden können, Abneigung zu etwas oder jemandem empfinden
Energie:	☿ Merkur

Eines auf die Nase bekommen

Frage: Warum habe ich eins auf die Nase bekommen?

Erklärung: Erzieherische Massnahme, etwas Falsches gemacht haben, nicht der Erwartung entsprochen haben

Energie: ♄ Saturn

An der Nase herumführen

Frage: Wer führt mich an der Nase herum?

Erklärung: Jemandem etwas weismachen, das nicht stimmt - um selbst einen Vorteil daraus zu ziehen, nicht ehrlich, fair und/oder offen sein

Energie: ♅ Uranus

Auf der Nase herumtanzen

Frage: Wer tanzt mir auf der Nase herum?

Erklärung: Mit jemandem machen, was man will, Befehle desjenigen missachten und verweigern, nicht gehorchen

Energie: ♇ Pluto

Etwas auf die Nase binden

Frage: Wer hat mir etwas auf die Nase gebunden?

Erklärung: Jemandem etwas erzählen, was nicht für dessen Ohren gedacht ist, um jemanden mit der Aussage zu necken

Energie: ♅ Uranus

Sich an die Nase fassen

Frage: Wo sollte ich mich an die Nase fassen?

Erklärung: Selbstkritisch sein, mit sich ehrlich sein

Energie: ♄ Saturn

Die Nase vorne haben

Frage: Wo habe ich die Nase vorne?

Erklärung: Führen, der Erste sein, der Beste sein

Energie: ♂ Mars

Die Nase hochtragen

Frage:	Wo trage ich die Nase zu hoch?
Erklärung:	Anmassend, arrogant, eingebildet, hochmütig, hochnäsig sein, sich für sonst wen halten, sehr von sich (selbst) eingenommen, stolz, vermessen, versnobt, überheblich, aufgeblasen sein
Energie:	☉ Sonne

Etwas unter die Nase reiben

Frage:	Was wird mir unter die Nase gerieben?
Erklärung:	Jemandem Vorhaltungen machen, jemanden für einen Fehler tadeln, übertrieben auf jemandes Fehler hinweisen, einen Fehler deutlich ansprechen
Energie:	♄ Saturn

Auf die Nase/Schnauze fallen

Frage:	Warum bin ich auf die Schnauze gefallen?
Erklärung:	Scheitern, hinfallen
Energie:	♂ Mars

Nervensystem

Was nervt mich gerade? Warum bin ich gereizt? Wo scheiden sich die Geister?

Dem Fernmeldewesen und dem Nachrichtendienst des Körpers wird die **Merkur**-Energie zugeordnet. Diese Kommunikation in einem mehrdimensionalen System vermittelt, steuert, regelt und kontrolliert.

Das nervt gerade

Frage:	Was nervt mich gerade?
Erklärung:	Jemanden oder etwas anhaltend belästigen, ärgern, aufregen, strapazieren, stressen
Energie:	☿ Merkur

Gereizt sein

Frage:	Warum bin gerade gereizt?
Erklärung:	Leicht verärgert sein, verstimmt sein, wenig erfreut sein
Energie:	♇ Pluto

Da scheiden sich die Geister

Frage:	Wo scheiden sich die Geister?
Erklärung:	Die Meinungen zu einem Thema gehen auseinander, nicht einverstanden sein
Energie:	☿ Merkur

Niere

Was geht mir an die Nieren?

Den Nieren wird die symbolische Bedeutung der Gleichgewichts- und Partner(schafts)organe zugeordnet, damit die Harmonie zwischen männlichen und weiblichen Partnern ausgeglichen ist. Den Nieren wird die **Venus**-Energie zugeordnet. Sie sorgt für das Gleichgewicht zwischen den sauren (männlichen) und den basischen (weiblichen) Kräften und für eine ausgeglichene Mitte zwischen den Polen. Sie entgiften und reinigen und lassen Altes hinter sich.

Etwas an die Nieren gehen

Frage:	Was geht mir an die Nieren?
Erklärung:	Etwas oder jemanden beschäftigt/belastet extrem, es schlägt aufs Gemüt
Energie:	♀ Venus

Oberarme

(siehe Arme)

Oberschenkel

Warum habe ich dicke Oberschenkel?

Die Oberschenkel (**Schütze**-Energie) stehen aus seelischer Sicht für die mitgebrachten Kräfte (**Mars**-Energie) aus unserer spirituellen Welt (**Neptun**-Energie).

Der Oberschenkel symbolisiert bei Frauen und Männern jeweils genau das Gegenteil. Er wird vom grössten und stärksten Muskel (**Mars**-Energie) mit der grössten Kraft (**Jupiter**-Energie) im Organismus bewegt (Gluteus maximus). Er steht für die Urkraft, die Kraft des Fortschrittes und des Aufstiegs (**Schütze**-Energie).

Diese Kraft wird sinnbildlich bzw. umgangssprachlich auch für die Hoden des Mannes gebraucht. Sie zeigt bei ihnen Durchsetzungskraft und Einfluss, die ins Leben gebracht werden möchten (**Mars**-Energie).

Bei Frauen mit dicken, aber weichen Oberschenkeln symbolisiert es heutzutage eher das Gegenteil, strukturlos, kraftlos, unpassend (**Jupiter**-Energie). Ist dies bei Männern so, sollten sie sich um den weiblichen Seelenanteil kümmern (**Venus**-Energie).

Schlanke Oberschenkel zeigen bei Frauen das bereitwillige Öffnen für neues Leben. Sie sind lieber gewandt als wehrhaft. Wo möchte ich mich aus der Affäre ziehen?

Männer mit schlanken Oberschenkeln machen sich lieber aus dem Staub als zu kämpfen (**Mars**-Energie). Wo möchte ich mich aus dem Staub machen?

Dicke Oberschenkel haben

Frage:	Warum habe ich dicke Oberschenkel?
Erklärung:	Symbolisiert entweder die muskuläre Manneskraft (**Mars**-Energie) oder die weibliche, weiche Hingabe, die runde, fliessende Ergebenheit (**Venus**-Energie)
Energie:	♂ Mars - ♄ Saturn

Sich aus der Affäre ziehen

Frage: Wo möchte ich mich aus der Affäre ziehen?

Erklärung: Sich mit Geschick aus einer unangenehmen Lage, von einer lästigen Verpflichtung oder Ähnlichem befreien

Energie: ♆ Neptun - ♂ Mars

Sich aus dem Staub machen

Frage: Wo möchte ich mich aus dem Staub machen?

Erklärung: Einen Ort rasch verlassen, fluchtartig und meist heimlich gehen

Energie: ♂ Mars

Ohren/Gehör

Was kann/möchte ich nicht mehr hören? Wo höre ich nicht mehr hin, dass ich es fühlen muss? Was sollte ich mir hinter die Ohren schreiben? Was habe ich faustdick hinter den Ohren? Wer hat mir einen Floh ins Ohr gesetzt? Wer oder was hat mich übers Ohr gehauen?

Das äussere Ohr ist gleich wie das Tierkreiszeichen Stier passiv und empfänglich und wird diesem auch zugeordnet (**Venus**-Energie). Im Ohr drinnen sieht es dann jedoch ganz anders aus. Der Gehörsinn ist für die Lebensstimmung eines Menschen sehr wichtig, da das Mittschwingen sich auf den ganzen Körper und die Seele überträgt (**Mond**-Energie). Die Ohren lassen nur Energien hinein, sie hören und bringen das im Aussen Gehörte ins Innen, in die Tiefe zu den Wurzeln des Lebens (**Mars**-Energie). Diese sinnlichen Schwingungen lösen Mitgefühl aus (**Venus**-Energie). Wem oder was sollte ich Gehör schenken?

Wer nicht gehört wird, wie es sich gehört oder ungehörig ist, aufgrund ungehorsamer Reaktionen und/oder mangelnder Zugehörigkeit, macht sich lauthals bemerkbar (**Saturn**-Energie). Die Energien sollten ins Gleichgewicht gebracht werden (siehe Ohren/Gleichgewicht).

Etwas nicht mehr hören wollen

Frage: Was kann/möchte ich nicht mehr hören?
Erklärung: Etwas leid sein, mit seiner Geduld am Ende sein
Energie: ♀ Venus

Hören statt fühlen

Frage: Wo höre ich nicht mehr hin, dass ich es fühlen muss?
Erklärung: Wer nicht gehorcht, wird die unangenehmen Folgen zu
                spüren bekommen
Energie: ♄ Saturn

Hinter die Ohren schreiben

Frage: Was sollte ich mir hinter die Ohren schreiben?
Erklärung: Etwas bloss nicht vergessen
Energie: ♅ Uranus

Einen Floh ins Ohr setzen

Frage: Wer hat mir einen Floh ins Ohr gesetzt?
Erklärung: Jemanden durcheinanderbringen, auf dumme Ideen
                bringen, jemandem etwas sagen, was ihn aus der Ruhe
                bringt
Energie: ♆ Neptun

Übers Ohr hauen

Frage: Wer oder was hat mich übers Ohr gehauen?
Erklärung: Betrügen, hereinlegen, über den Tisch ziehen
Energie: ♆ Neptun

Gehör schenken

Frage: Wem oder was sollte ich Gehör schenken?
Erklärung: Anteil nehmen, abhören, zuhören, lauschen, mithören,
                die Probleme oder Meinungen anderer als bedeutsam,
                besonders wichtig (relevant) anerkennen
Energie: ♀ Venus

Die Ohren spitzen

Frage:	Wo sollte ich die Ohren spitzen?
Erklärung:	Aufmerksam zuhören, genau hinhören, neugierig lauschen
Energie:	♀ Venus

Ganz Ohr sein

Frage:	Wo sollte ich ganz Ohr sein?
Erklärung:	Aufmerksam zuhören
Energie:	♀ Venus

Bis über beide Ohren in Arbeit stecken

Frage:	Warum stecke ich bis über beide Ohren in der Arbeit?
Erklärung:	Sehr viel Arbeit haben
Energie:	♂ Mars - ♃ Jupiter

Ohren/Gleichgewicht

Wo oder bei was bin ich aus dem Gleichgewicht?

Das Gleichgewichtsorgen im Innenohr ist für unseren körperlichen und seelischen Gleichgewichtssinn (**Venus**-Energie) von zentraler Bedeutung. Schwindel(n) als Reaktion auf Unehrlichkeit und dadurch schnell aus einer Situation fliehen wollen, die sich zu schnell entwickelt hat (**Neptun**-Energie). Warum schwankt der Boden unter meinen Füssen?

Aus dem Gleichgewicht sein

Frage:	Wo oder bei was bin ich aus dem Gleichgewicht?
Erklärung:	Zerrissen sein, zwischen zwei Entscheidungen schwanken, die Orientierung verlieren
Energie:	♀ Venus

Der Boden unter den Füssen schwankt

Frage:	Warum schwankt der Boden unter meinen Füssen?
Erklärung:	Den Halt verlieren und versuchen, die äussere und innere Sicherheit zur Einstellung finden, den Schwindel aufdecken
Energie:	♆ Neptun

Rücken

Was für eine Last muss ich auf meinem Rücken tragen? Was kann mir den Buckel runterrutschen?

Der Rücken als Lastenträger des Lebens zeigt nicht nur das Alter an, sondern auch die Last des Lebens. Er wird in dieser Hinsicht der **Saturn**-Energie zugeordnet. Ehrlichkeit und Aufrichtigkeit, sich für etwas aufrichten oder für etwas gerade stehen sind Fähigkeiten der **Steinbock**-Energie. Für wen habe ich mich krumm gemacht? Für was sollte ich aufrecht und gerade hinstehen?

Der Rücken ist auch Symbol für Kraft und Rückhalt (**Mars**-Energie) und für Schönheit und Grazie (**Venus**-Energie).

Sich für jemanden krumm machen

Frage:	Für wen habe ich mich krumm gemacht?
Erklärung:	Sich unterwerfen, sich (ver-) beugen, sich ducken
Energie:	♂ Mars

Eine Last auf dem Rücken tragen

Frage:	Was für eine Last muss ich auf meinem Rücken tragen?
Erklärung:	Eine Bürde tragen, eine Last tragen, eingebunden sein, etwas Unangenehmes ertragen müssen, verantwortlich sein, verpflichtet sein
Energie:	♄ Saturn

Den Buckel runterrutschen

Frage:	Was kann mir den Buckel runterrutschen?
Erklärung:	Jemanden in Ruhe lassen, jemandem gestohlen bleiben können, jemandem völlig egal sein, jemanden nicht interessieren
Energie:	☉ Sonne

Gerade hinstehen

Frage:	Für was sollte ich gerade hinstehen?
Erklärung:	Sich aufrichten, gerade hinstehen, ehrlich und aufrichtig sein
Energie:	♄ Saturn

In den Rücken fallen

Frage:	Wer fällt mir in den Rücken?
Erklärung:	Jemanden hintergehen, jemandem schaden, den man ursprünglich unterstützt hat
Energie:	♂ Mars

Hinter jemandes Rücken

Frage:	Was habe ich hinter jemandes Rücken gemacht?
Erklärung:	Heimlich, ohne jemandes Wissen
Energie:	♆ Neptun

Sich den Rücken krumm machen

Frage:	Wofür mache ich mir den Rücken krumm?
Erklärung:	Hart arbeiten
Energie:	♂ Mars

Etwas auf jemandes Rücken austragen

Frage:	Was wird auf meinem Rücken ausgetragen?
Erklärung:	Einen Konflikt auf jemandes Kosten austragen
Energie:	♂ Mars

Schulter

Welche Last muss ich auf meinen Schultern (mit mir herum) schleppen? Wem zeige ich die kalte Schulter? Was nehme ich auf die leichte Schulter? Wer oder was lehnt sich an meine Schulter? Wer oder was klopft mir auf die Schulter?

Die Schulter symbolisiert den eigenen Lebensraum mit Selbstbewusstsein und Stolz (**Sonnen**-Energie). Sie strahlt Kraft (**Mars**-Energie) und eigene Freiheit (**Uranus**-Energie) aus, aber auch Schutzbedürftigkeit (**Mond**-Energie). Mit der Schulter tragen wir die Last des Lebens stillschweigend auf uns. Die rechte Schulter steht für die von anderen aufgebürdeten Problemen. Sie steht für die männliche Seite, die des Opfers, Chefs, Bruders, Sohnes, Mannes (**Mars**-Energie). Die linke Schulter steht für sich selbst aufgeladene Probleme. Sie steht für die weibliche Seite, emotionale Lasten, Mutter, Oma, Schwester, Tochter oder Frau (**Venus**-Energie). Wo habe ich das Gefühl, dass ich Haltung zeigen muss? Mit wem übe ich den Schulterschluss?

Die kalte Schulter zeigen

Frage:	Wem zeige ich die kalte Schulter?
Erklärung:	Jemanden abweisend behandeln, ignorieren, zurückweisen
Energie:	☉ Sonne

Auf die leichte Schulter nehmen

Frage:	Was nehme ich auf die leichte Schulter?
Erklärung:	Etwas unterschätzen, nicht ernst nehmen, verharmlosen
Energie:	♂ Mars

Eine Last schultern

Frage:	Welche Last muss ich auf meinen Schultern (mit mir herum) schleppen?
Erklärung:	Seelische, psychische oder physische Belastung ertragen
Energie:	♀ Venus - ♄ Saturn

Haltung zeigen

Frage:	Wo habe ich das Gefühl, dass ich Haltung zeigen muss?
Erklärung:	Für etwas hinstehen, für etwas geradestehen, dafür einstehen, Verantwortung übernehmen, stolz sein
Energie:	♄ Saturn

An eine Schulter anlehnen

Frage:	Wer lehnt sich an meine Schulter?
Erklärung:	Geborgenheit geben, in den Arm nehmen und genommen werden, Schutz suchen, sich aufgehoben fühlen, Zuneigung zeigen
Energie:	♀ Venus

Auf die Schulter klopfen

Frage:	Wer oder was klopft mir auf die Schulter?
Erklärung:	Jemanden loben und Mut machen, auch trösten und unterstützen
Energie:	♄ Saturn - ♃ Jupiter

Den Schulterschluss üben

Frage:	Mit wem übe ich den Schulterschluss?
Erklärung:	Gemeinsam handeln, in die gleiche Richtung arbeiten, kooperieren, mitarbeiten (an einem Werk), zusammenarbeiten, eine gemeinsame Linie verfolgen, eine gemeinsame Marschrichtung haben
Energie:	☿ Merkur

Schultergelenk

siehe auch Schultern

Das Schultergelenk ist der Zugang zur Welt auf physischer Ebene. Dank ihm können wir artikulieren (**Merkur**-Energie) und agieren (**Mars**-Energie). Sie gewährt uns grosse Freiheit bei nur geringen Einschränkungen.

Artikulieren wir zu extrem, kann das Schultergelenk die Fassung verlieren. Wo sollte ich auf meine Artikulation achten?

Die (geistige) Beweglichkeit mutig angehen und den (Lebensent-) Wurf wagen und damit über sich hinauswachsen (**Merkur**-Energie). Weite Spannung der handwerklichen Aktivitäten (**Mars**-Energie) zulassen, aber den Bogen nicht überspannen. Das Schultergelenk zeigt an, wenn das Handwerk gegenüber dem geistigen Werk übertrieben wird. Wo habe ich den Bogen überspannt?

Sprachliche und körperliche Artikulation

Frage: Wo sollte ich auf meine Artikulation achten?

Erklärung: Deutliches Mitteilen mit der Aussprache, der Gestik und Mimik sowie mit der Körpersprache

Energie: ☿ Merkur

Den Bogen überspannen

Frage: Wo habe ich den Bogen überspannt?

Erklärung: Das Temperament geht mit ihm/ihr durch, übersteigern, übertreiben, überziehen, es auf die Spitze treiben, es zu toll treiben

Energie: ♇ Pluto

Sprunggelenk

(siehe Fussgelenk)

Unterarm

(siehe Arme)

Unterschenkel

Wo bin ich immer auf dem Sprung? Warum habe ich eins vors Schienbein bekommen?

Die Unterschenkel (**Uranus**-Energie) stehen aus spiritueller Sicht für das selbst Aufgebaute (**Mars**-Energie) im Hier und Jetzt.

Die Unterschenkel (**Uranus**-Energie) sind unsere doppelten Stützpfeiler (**Mars**-Energie) mit dem Schienbein und dem Wadenbein. Die **Wassermann**-Energie wird dem Unterschenkel wegen seiner spontanen und sehr schnellen Änderungen bezüglich Standpunkten und Richtungswechseln im Leben zugeordnet. Auch die grossen Schritte in die Freiheit, welche mit kräftigen Unterschenkeln gemacht werden können, gehören zur **Wassermann**-Energie. Finde ich den richtigen Absprung? Bin ich bereit für den Sprung? Nehme ich den eigenen festen Standpunkt ein?

Der Unterschenkel ist auch der Tresor der emotionalen Überspanntheit, der gespeicherten Emotionen (**Mond**-Energie). Bin ich gewappnet, um nicht eins vors Schienbein zu bekommen?

Auf dem Sprung sein

Frage:	Wo bin ich immer auf dem Sprung?
Erklärung:	Abmarschbereit, fertig angezogen, fertig zum Aufbruch, startklar
Energie:	♂ Mars - ♅ Uranus

Jemandem vors Schienbein treten

Frage:	Warum habe ich eins vors Schienbein bekommen?
Erklärung:	Jemanden stoppen, kränken, scharf zurechtweisen, verletzen
Energie:	♄ Saturn

Den Absprung finden

Frage: Finde ich den richtigen Absprung?

Erklärung: Die Abhängigkeit überwinden, sich von einer Abhängigkeit lösen können

Energie: ♅ Uranus

Sprungbereit sein

Frage: Bin ich bereit für den Sprung?

Erklärung: Darauf vorbereitet sein, etwas zu überwinden, sich zu befreien

Energie: ♅ Uranus

Den festen Standpunkt einnehmen

Frage: Nehme ich den eigenen festen Standpunkt ein?

Erklärung: Position beziehen, eine klare Meinung äussern, Stellung nehmen

Energie: ♄ Saturn

Gewappnet sein

Frage: Bin ich gewappnet, um nicht eins vors Schienbein zu bekommen?

Erklärung: Vorbereitet sein, sich stark machen für oder gegen etwas, sich rüsten

Energie: ♂ Mars

Wirbelsäule

Wofür stehe ich gerade? Was hindert mich daran, aufrichtig durchs Leben zu gehen? Wo muss ich Rückgrat zeigen? Wo darf ich hocherhobenen Hauptes bleiben? Wo sollte ich Haltung annehmen? Wo muss ich mich ins Lot bringen?

Der Wirbelsäule können viele Energien zugeordnet werden. Die **Saturn**-Energie gehört zu Wirbelkörpern und Bindegewebe. Die Nervenbahnen im Rückenmark, welche die Informationen aus der zentralen Steuerung in den gesamten Körper weiterleiten, gehören zur **Merkur**-Energie. Die Bandscheiben, welche den weichen Teil der Wirbelsäule darstellen und für die Emotionen stehen, werden der **Mond**-Energie zugeordnet. Die Flexibilität und Beweglichkeit, die die Wirbelsäule dank ihrer Konstruktion aufbringen kann, gehören zum **Zwillinge.** Dank der Doppel-S Krümmung der Wirbelsäule kann sie Stösse und Schläge abfangen, den Druck ausgleichen und den Menschen im Gleichgewicht halten (**Waage**-Energie). So kann der Druck durch das eigene Körpergewicht getragen werden. Die gesunde Wirbelsäule bringt dem Menschen auch Ausgeglichenheit, innere Mitte und Harmonie. Die seitlichen Verkrümmungen, die Skoliosen, kommen von «Verkrampfungen» oder «Spannungen», verursacht durch Aggressionen, für welche die **Mars**-Energie verantwortlich ist. Auch Strenge und Autorität (**Steinbock**-Energie) haben auf eine Skoliose Einfluss.

Aufrichtig durchs Leben gehen

Frage:	Was hindert mich daran, aufrichtig durchs Leben zu gehen?
Erklärung:	Gerade(aus) gehen, mit aufrechtem Gang, aufrichtig sein, ehrlich sein, Würde zeigen, Kraft zeigen, Liebe zeigen
Energie:	♄ Saturn - ☉ Sonne

Hocherhobenen Hauptes

Frage:	Wo darf ich hocherhobenen Hauptes bleiben?
Erklärung:	Ehrenhaft, ehrenvoll, in allen Ehren, in Würde, würdevoll
Energie:	☉ Sonne

Rückgrat zeigen

Frage:	Wo muss ich Rückgrat zeigen?
Erklärung:	Seinen Überzeugungen treu bleiben, standfest sein, standhaft bleiben, sich treu bleiben, zu seinen Überzeugungen stehen
Energie:	♄ Saturn

Ins Lot bringen

Frage:	Wo muss ich mich ins Lot bringen?
Erklärung:	Ins Gleichgewicht bringen, abhelfen, Missstand oder Mangel beheben, aus der Welt schaffen, bereinigen, beseitigen, bewältigen, geradebiegen, in Ordnung bringen
Energie:	♀ Venus

Für etwas geradestehen

Frage:	Wofür stehe ich gerade?
Erklärung:	Ein Versprechen einlösen, ein Versprechen halten, für etwas einstehen, zu seinem Wort stehen, für etwas geradestehen, Wort halten, die Garantie geben, etwas sichern, etwas sicherstellen, für etwas sorgen
Energie:	♂ Mars

Haltung annehmen

Frage:	Wo sollte ich Haltung annehmen?
Erklärung:	Gerade stehen für etwas oder jemanden, Farbe bekennen, eine klare Haltung einnehmen, sich outen, stehen zu etwas oder jemandem, sich zu erkennen geben
Energie:	♄ Saturn

Zähne

An was beisse ich mir die Zähne aus? Wer fühlt mir auf den Zahn? Wo zeige ich Zähne?

Die Zähne wie auch die gesamte Mundhöhle werden der **Saturn**-Energie zugeordnet. Sie zerkleinern grosse Brocken und bewältigen dadurch (grosse) Probleme (**Mars**-Energie). In diesem Zusammenhang stehen sie auch für eine gewisse Art von Aggressionen, verbissen und zerknirscht sein und werden als «Waffen» im Mund eingesetzt. Dank der Vitalität und der Potenz reduzieren sie alles auf kleinstmögliche Formen. Sie nehmen das Leben in «Angriff», können aber auch einer Illusion (Zahn ziehen) oder tief verwurzelten Überzeugungen (Wurzelbehandlung) erliegen. Mit den Zähnen kann man sich durchbeissen und die Lebenskraft und die Potenz zeigen.

Mit den Schneidezähnen beissen wir uns ein Stück des Lebens heraus und mit den Eckzähnen machen wir Beute, reissen wir etwas auf. Sie zeigen die Eckpunkte im Leben auf und wo das Feld abgesteckt ist (**Mars**-Energie). Die Backenzähne bereiten die Nahrung auf und zermahlen diese (**Saturn**-Energie). An was habe ich zu kauen?

Sich die Zähne ausbeissen

Frage:	An was beisse ich mir die Zähne aus?
Erklärung:	Etwas Unangenehmes ertragen müssen, sich beherrschen, durchhalten
Energie:	♂ Mars

Auf den Zahn fühlen

Frage:	Wer fühlt mir auf den Zahn?
Erklärung:	Wissen und Fähigkeit überprüfen, Meinung zu einem bestimmten Thema herausfinden
Energie:	♄ Saturn

Zähne zeigen

Frage:	Wo zeige ich Zähne?
Erklärung:	Starken Widerstand leisten/zeigen, Aggressionen äussern und einsetzen
Energie:	♄ Saturn - ♅ Uranus

An etwas zu kauen haben

Frage:	An was habe ich zu kauen?
Erklärung:	Etwas nur mit Mühe und über eine längere Dauer überwinden, mit Problemen zu kämpfen haben
Energie:	♂ Mars

Zehen

Wer ist mir auf die Zehen getreten?

Die unteren Finger, die Zehen, gehören zur **Neptun**-Energie. Sie sorgen für den Halt, die Standfestigkeit, die Bodenhaftung und sichern das Gleichgewicht auf Erden (**Saturn**-Energie). Sie garantieren die Dynamik des grossen Fortschrittes (**Jupiter**-Energie) und dank den Reflexzonen sind sie mit dem gesamten Körper in Verbindung (**Merkur**-Energie).

Auf die Zehen treten

Frage: Wer ist mir auf die Zehen getreten?
Erklärung: Jemanden ausbremsen, den Fortschritt bremsen, jemanden belästigen und kränken, jemanden veranlassen, sich zu beeilen
Energie: ⛢ Uranus

Zunge

Was liegt mir auf der Zunge? Warum spaltet es mir die Zunge? Wo spreche ich in vielen Zungen? Wem habe ich die Zunge rausgestreckt? Für was trage ich das Herz auf der Zunge? Böse Zungen behaupten…

Dank der Zunge können wir uns ausdrücken und kommunizieren (**Merkur**-Energie). Sie ist die Unmittelbarkeit des verbalen Ausdrucks und kann so auch als (verbale) Waffe (**Mars**-Energie) eingesetzt werden. Wo hatte ich eine spitze Zunge?

Mit gespaltener Zunge sprechen

Frage: Warum spreche ich mit gespaltener Zunge?
Erklärung: Unwahres oder Widersprüchliches sagen, heuchlerisch reden
Energie: ♆ Neptun

Etwas auf der Zunge liegen

Frage: Was liegt mir auf der Zunge?

Erklärung: Etwas kann ich nur beinahe äussern, aber momentan fällt es mir doch nicht ein, zu einer Antwort ansetzen, sich bewusst mit einer Äusserung oder Antwort zurückhalten

Energie: ☿ Merkur

Mit vielen Zungen sprechen

Frage: Wo spreche ich mit vielen Zungen?

Erklärung: Unverständlich sprechen, mehrsprachig sein

Energie: ♆ Neptun

Die Zunge rausstrecken

Frage: Wem habe ich die Zunge rausgestreckt?

Erklärung: Frech sein oder bösartig rüberkommen

Energie: ♂ Mars

Eine spitze Zunge haben

Frage: Wo hatte ich eine spitze Zunge?

Erklärung: Eine provokante Wortwahl gebrauchen, jemanden blossstellen, spöttisch sein, boshafte Bemerkung machen

Energie: ♂ Mars

Das Herz auf der Zunge tragen

Frage: Für was trage ich das Herz auf der Zunge?

Erklärung: Offen zu seinen Gefühlen stehen, seine Emotionen deutlich artikulieren

Energie: ☽ Mond

Böse Zungen behaupten

Frage: Was behaupte ich mit böser Zunge?

Erklärung: Unverblümt reden, deutliche Worte finden, besonders kritisch sein, böswillig sein, zynisch sein

Energie: ☿ Merkur

Etwas auf der Zunge brennen

Frage:	Was brennt mir auf der Zunge?
Erklärung:	Jemand möchte unbedingt etwas sagen
Energie:	☿ Merkur

Weiterführende ergänzende Körpersignale

Entzündungen

Bei Entzündungen ist der **Mars** die Triebkraft. Diese können im gesamten Körper, in sämtlichen Organen auftreten und den gesamten Organismus betreffen. Eine Entzündung deutet auf einen Konflikt hin. Dieser kann sich auf unterschiedlichste Art und Weise zeigen. Entzündungen können die Konflikthaftigkeit des Menschseins grundsätzlich, aber auch den Umgang mit inneren und äusseren Konflikten bedeuten. Der Ort, an dem die Entzündung auftritt, zeigt dir den Ursprung deiner Thematik.

Unfall

Die Hintergründe für einen Unfall sind vielseitig. Ein ignorierter Konflikt wird durch den Unfall erzwungenermassen aufgeweckt. Ein Unfall kann als Folge eines nichtbeachteten Signals deines Körpers eintreten, also als Zwangsbelehrung bei ungelösten Problemen. Er stellt eine Handlungsweise bzw. den eingeschlagenen Weg eines Menschen direkt und plötzlich in Frage und/oder unterbricht gewaltsam die eingefahrenen und eingeschlagenen Wege.

Die genaue Rekonstruktion des Unfallherganges und die Übertragung auf die eigene Situation können eventuell aufzeigen, warum es zu diesem Unfall kam.

Sind durch einen Unfall Körperteile oder Organe betroffen, können die Verletzungen wie bei Krankheiten, Schmerzen oder anderen Symptomen mit einbezogen werden und so kann der Grund des Unfalls eventuell hergeleitet werden.

Dem Unfall wird sowohl **Mars**-Energie als auch **Uranus**-Energie zugeordnet.

Aktivierung der Selbstheilungskräfte

Der Aszendent ist die Geburts-Energie. Diese Energie ist wichtig und hilft dir in Situationen, in denen du etwas Neues beginnen möchtest. Die Aszendent-Energie ist verbunden mit deiner Lebenskraft. Mit dieser Energie kannst du auch deine Selbstheilungskräfte aktivieren und deine Gesundwerdung unterstützen.

Was bedeutet das für die verschiedenen Aszendenten? Die folgende Auflistung zeigt dir, welche Energien der zwölf Aszendent-Energien dich bei deiner Genesung positiv unterstützen können:

Widder-Aszendent

Personen mit einem Aszendenten im Widder finden am schnellsten ihre Kraft und ihre Lebensenergien, indem sie ihre Kraft einsetzen können, Action haben oder etwas Neues auf die Beine stellen dürfen. Sportliche Aktivitäten oder körperliche Herausforderungen natürlich nur, sofern dies möglich ist bzw. in dem Masse, dass es Heilung bringen darf.

Stier-Aszendent

Personen mit einem Aszendenten im Stier finden ihre Selbstheilung, indem sie in die Ruhe gehen, es sich gemütlich machen und sich und der Genesung Zeit geben. Mit gesundem, feinem Essen die bekommene Zeit geniessen, wie auch alles andere, was es zu geniessen gibt. In die Natur gehen und mit Händen und/oder Füssen den Kontakt zur Erde suchen. Auch kann es einem Stier-Aszendenten helfen, wieder in seine Lebensenergie zu kommen, wenn er sich etwas Schönes tut.

Zwilling-Aszendent

Personen mit einem Aszendenten in den Zwillingen kommen wieder zu ihren Lebensenergien, wenn sie reden können. Therapien mit Gesprächen, Einzel oder in Gruppen, bringen diesen Menschen Selbstheilung, aber auch Radio hören oder TV schauen. Das Handy als eine Möglichkeit zur Kommunikation mit der Aussenwelt darf griffbereit nebenan liegen, damit eine Unterhaltung mit der Aussenwelt stattfinden kann oder es jederzeit möglich ist, sich auf dem Laufenden zu halten.

Krebs-Aszendent

Für Personen mit einem Aszendenten im Krebs ist es hilfreich, sich zu Hause einzukuscheln (Nesten), für sich zu sorgen, unter die Decke zu kriechen und/oder ein Bad zu nehmen und sich die nötige Geborgenheit zu geben, um die Lebensenergie zurückzubekommen. Ein passives Verhalten ist zwar grundsätzlich kontraproduktiv, bei einem Krebs-Aszendenten kann es aber auch heilsam sein. Besuche von Verwandten oder Familien unterstützen die Zurückgewinnung der Lebenskraft.

Löwe-Aszendent

Personen mit einem Aszendenten im Löwen sind grundsätzlich sehr lebensfroh und vital, auch wenn ihnen gerade die Lebensenergie fehlt. Gesellschaftsspiele, Wettkämpfe jeglicher Art oder handwerkliche Aktivitäten bringen den Löwen-Aszendenten ihre Lebenskraft wieder zurück. Kreative Tätigkeiten jeglicher Art tragen wesentlich zur Selbstheilung eines Löwen-Aszendenten bei. Je nach Situation haben sie auch gerne Menschen um sich, damit sie im Mittelpunkt stehen dürfen, ohne dass sie grosse Anstrengungen vollbringen müssen. Dann sind sie das Zentrum der Welt und sind im Einklang mit sich.

Jungfrau-Aszendent

Personen mit einem Aszendenten in der Jungfrau brauchen nicht viel. Gesundheitsbewusstes, achtsames Verhalten bei der Ernährung und der Bewegung helfen den Jungfrau-Aszendenten, wieder ihre Lebenskraft zurückzubekommen. In einem sauberen, ordentlichen und geordneten Umfeld mit exakten Strukturen im Alltag werden sie schnellsten wieder gesund. Dabei sollten sie kleine Schritte machen.

Waage-Aszendent

Personen mit einem Aszendenten in der Waage bringt die Nähe einer harmonischen, liebevollen Person die schnellsten Selbstheilungschancen. Aber auch das ästhetische, persönliche Erscheinungsbild zum Beispiel durch das Tragen schöner Kleider oder sich gepflegt herzurichten bringt die Lebensenergie wieder zurück. Harmonische und/oder ausgewogene Situationen und Gegebenheiten sowie kunstvolle Gegenstände oder Kunsthandwerk unterstützen die Gesundheitsförderung.

Skorpion-Aszendent

Personen mit einem Aszendenten im Skorpion können sehr viel Leid ertragen. Durch ihre Kompromisslosigkeit und Tiefgründigkeit brauchen sie klare und eindeutige Fakten über ihre Situation. Dank ihrem starken Willen schaffen Skorpion Aszendenten fast Unmögliches und bringen unglaubliche Lebenskräfte auf. Durch den intensiven Prozess des Sich-Einlassens und wieder Loslassens verfügt ein Skorpion-Aszendent eine ausserordentliche Fähigkeit der Regeneration und vielen Möglichkeiten des Neubeginns.

Schütze-Aszendent

Personen mit einem Aszendenten in Schütze sind sehr lebensfroh und
weltoffen. Viel Lachen und fröhliche Menschen um sie herum holen die
Lebensenergien der Schütze-Aszendenten wieder zurück. Auch spon-
tane Reisen oder Abenteuer, sofern es der Gesundheitszustand zulässt,
unterstützen den Heilungsprozess. Mit Philosophieren über den Sinn
der aktuellen Situation oder den Sinn des Lebens und dem Mitteilen der
Erkenntnisse oder ihres Wissens kann die Lebenskraft zurückkommen.

Steinbock-Aszendent

Personen mit einem Aszendenten im Steinbock brauchen klare Regeln,
an die sie sich halten können. Ihre hohen Erwartungen an sich selbst
und ihr Verantwortungsbewusstsein sowohl in ihren Gedanken als auch
in ihren Taten hilft ihnen auf ihrem Weg zurück zu ihren Lebensenergien. Das gewissenhafte und disziplinierte Einhalten der Verordnungen
zum Erlangen ihrer Genesung wird sie in der Selbstheilung unterstützen.

Wassermann-Aszendent

Personen mit einem Aszendenten im Wassermann brauchen ihren Frei-
raum und ihre innere Freiheit, um zur Lebensenergie zurückzufinden. In
ihrem für andere ungewöhnlichen Verhalten können Wassermann-As-
zendenten unkonventionelle Wege zur Selbstheilung einschlagen. Ihr ei-
genes Verhalten gibt ihnen die Kraft und Energie, die sie zur Genesung
brauchen.

Fische-Aszendent

Personen mit einem Aszendenten in den Fischen hilft es, wenn sie in ihrem spirituellen Umfeld einfach nur sein dürfen, Musik oder

Fantasiegeschichten zusammen hören oder Fantasiefilme ansehen können. Sie brauchen Menschen um sich herum, die gleich denken und ticken und die spüren, was den Fische-Aszendenten fehlt oder was sie brauchen.

Das Häusersystem der Astrologie

Jedem Tierkreiszeichen wird ein Haus zugeordnet. Jedes Haus zeigt an, WO, das heisst in welchem Lebensbereich, der Ursprung einer Thematik sein kann bzw. in welchem Bereich des menschlichen Seins das Thema aufgelöst werden kann.

1. Haus

Ich will

Das **1. Haus** gehört zum Tierkreiszeichen **Widder** und zum Planeten **Mars**. Es steht auf der unbewussten Ebene und der ICH-Seite eines Horoskops und es geht um das Einzelwesen, dessen eigenen Trieb und dessen Körper.

An der Spitze des **1. Hauses** ist der **Aszendent (AC)**. Der **Aszendent** ist der Schnittpunkt vom Zodiak (Tierkreis) mit dem östlichen Horizont der Erde, zu einem bestimmten Zeitpunkt und am Ort eines bestimmten Geschehens (z.B. Geburt, Ereignis). Er zeigt dir deine Persönlichkeit und wie du im Aussen wahrgenommen wirst, mit anderen Worten dein Verhalten.

Das **1. Haus** steht für die persönliche Entwicklung und Entdeckung – den **ICH-Ausdruck, den Willensbereich**, mit deinem Körper die Welt zu entdecken und diese selbst wahrzunehmen, mit deiner Fähigkeit zu lernen, dich und deinen Willen durchzusetzen. Das Bedürfnis nach uneingeschränktem Handeln und die Herausforderungen des Lebens tatkräftig anzupacken, steht für die ersten sechs Lebensjahre. Dazu braucht es Durchsetzungskraft ohne langes Hin und Her, ohne bewusstes Nachdenken und ohne Rücksichtnahme. Ein stetiges Neuanfangen gehört zu den Lebenserfahrungen der ersten Jahre, damit Selbstsicherheit, Mut und ein starkes Selbstvertrauen aufgebaut werden kann.

Der **Aszendent** zeigt dir deine angeborenen Fähigkeiten, dich als ICH, als Selbst wahrzunehmen und damit die Art und Weise, wie du deine Bedürfnisse durchsetzen und diese verteidigen kannst, aber auch wie du deinen Bedürfnissen gerecht wirst.

Bereiche, welche dem 1. Haus zugeordnet werden

Willensbereich, ICH-Bereich, Tatbereich, Neuanfang, Mut, Durchsetzung, Handlung, Ich, Initiative, Selbstbehauptung, Selbstwahrnehmung, Sport, Aktivität, Stärke, eigene Fähigkeiten

2. Haus

Ich habe

Das **2. Haus** gehört zum Tierkreiszeichen **Stier** und zur **Venus**. Es steht in der unbewussten Ebene und auf der ICH-Seite eines Horoskops. Beim 2. Haus geht es wie beim 1. Haus um das Einzelwesen, den eigenen Trieb und den eigenen Körper.

Das **2. Haus** steht für den Bereich deiner persönlichen Werte, deines Fundamentes und deines Eigenraumes – deinen **Besitzbereich**, deine **Substanz**, deine Gemütlichkeit, deine Naturverbundenheit und dein Streben nach Sicherheit. Geld, Besitz und materieller Wert symbolisieren deinen eigenen Raum und zeigen deine Werte auf. Du lernst deinen eigenen Körper mit deinen Fähigkeiten und deinen Talenten kennen und deine Körperwahrnehmung aufzubauen. Dieser Körper braucht zwar immer noch Schutz und Sicherheit, Wärme, Nahrung und ein Obdach, aber zusammen mit dem Erwerben von persönlichem Besitz und einem (finanziellen) Vermögen baust du dir in dieser Zeit deinen Selbstwert auf. Die materiellen und körperlichen Freuden des Lebens sind wichtig und sollten in dieser Zeit genossen werden.

Bereiche, welche dem 2. Haus zugeordnet werden

Besitzbereich, Werte, Raum, Körper, Hab und Gut, materielle Welt, Geld, Eigenraum, Eigensubstanz, Genuss, Absicherung, eigene Fähigkeiten und Talente, Sicherheit, Selbstwert, Geben und Nehmen, Fundament, Substanz, Besitz

3. Haus

Ich gehe in Kontakt mit/Ich bewege

Das **3. Haus** gehört zum Tierkreiszeichen **Zwillinge** und zum Planeten **Merkur**. Es steht in der unbewussten Ebene und auf der ICH-Seite eines Horoskops. Beim 3. Haus geht es wie beim 1. und 2. Haus um das Einzelwesen, den Trieb und den Körper.

Das **3. Haus** steht für deinen persönlichen Bereich, deine Kommunikation und den Austausch mit deinen Mitmenschen – deinen **Kontaktbereich**, dein **Lernen**, deine Neugierde und deine Kontaktfreudigkeit und deinen Kontakt zu deiner Umwelt. Es geht um die Interaktion mit deinem Umfeld, deiner Umwelt und dazu gehören die alltäglichen Tätigkeiten, die Sprache, die Fähigkeit der Anpassung und dich einzubringen. Der Inhalt ist dabei (noch) nebensächlich. Dein Lernverhalten in der Bildungslandschaft aber auch in deinem Umfeld ist wichtig und die Kommunikation auf allen möglichen Kanälen kann zu einem zentralen Lebensbereich werden. Die körperlich-manuellen und feinmotorischen Fähigkeiten werden ca. ab dem 13. Lebensjahr ausgebildet, damit wir all unsere Fähigkeiten und Talente auch mit unserem Körper zeigen können. Dein Lernen und deine Intelligenz zeigen dir deine Beziehungen zur näheren Um- und Aussenwelt wie Geschwister oder Nachbarn. Jede Art von Kommunikation und Intellekt, die noch keine direkte Absicht enthält, zeigt deine Fähigkeiten, dich auszudrücken.

Bereiche, welche dem 3. Haus zugeordnet werden

Kontaktbereich, Kommunikation, Austausch, Sprache, Ausdruck, Lernen, Lernverhalten, Intelligenz, Schule, intellektueller Austausch, soziale Medien, Neugierde, Bewegung (aufeinander zugehen), Kenntnis

4. Haus

Ich fühle

Das **4. Haus** gehört zum Tierkreiszeichen **Krebs** und zum **Mond**. Es steht auf der unbewussten Ebene und der DU-Seite eines Horoskops und es geht um die Seele, den Instinkt und die Ursubstanz.

An der Spitze des **4. Hauses** steht das **IC (Imum coeli)**. Dieses liegt am tiefsten Punkt eines Horoskops und ist damit auch dein Fundament. Das IC symbolisiert das familiäre und kollektive Unbewusste, das soziale Herkunftsmilieu, deine Abstammung, deine Wurzeln.

Das **4. Haus** steht für deine persönliche Verwurzelung, deine Familie und deine Geborgenheit – deinen **Herkunftsbereich**, deine wohlige Privatsphäre, deine seelische Basis, dein Heim und deine Verbindung zu deinen eigenen emotionalen Wurzeln. Deine tiefe Empfindsamkeit und deine scheue Art zu handeln, basieren auf deiner fühlenden Art und Weise als Ausgangspunkt für dein Leben. Das **4. Haus** ist dein sicherer Hafen in stürmischen Zeiten deines Lebens und gibt dir jederzeit eine starke innere und äussere Verbindung zu deiner Ursprungsfamilie, zu deinen Ahnen und deiner Heimat. Es ist die Basis allen Handelns und aber auch des **Ablösens.**

Bereiche, welche dem 4. Haus zugeordnet werden

Herkunftsbereich, Familie, Ursprungsfamilie, Heimat, Ahnen, Traditionen, Urbedürfnis, Innenleben, Privatsphäre, Zuhause, Heim, Volk, Unbewusstes, Seele, Geborgenheit, Passivität, Urvertrauen, Empfinden

5. Haus

Ich kreiere/Ich offenbare

Das **5. Haus** gehört zum Tierkreiszeichen **Löwe** und zur **Sonne**. Es steht wie das 4. Haus auf der unbewussten Ebene und der DU-Seite eines Horoskops. Beim 5. Haus geht es wie beim 4. Haus um die Seele, den Instinkt und die Ursubstanz.

Das **5. Haus** steht für deine persönliche Lebensgestaltung, deine Kreativität, es ist dein **Kreativitätsbereich**, deine Freude, dein Spass, dein Spiel, kraftvoll und stolz auf deiner Bühne des Lebens zu stehen. Deine Aktivitäten bereiten Freude, du zeigst dein Inneres aus deinem 4. Haus, du übst dich im Ausdruck deiner seelischen Grundbedürfnisse und Anlagen. Ob Spiel, Spass, Abenteuer, Erotik oder Lebensfreude, du zeigst es von innen heraus spontan auf deiner Bühne des Lebens, um deine Talente und Fähigkeiten zu entwickeln und ihnen schöpferischen Ausdruck zu verleihen. Liebschaften und das Spiel zwischen den Geschlechtern gehören dazu.

Bereiche, welche dem 5. Haus zugeordnet werden

Kreativitätsbereich, Bühne des Lebens, Selbstbewusstsein, Spiel und Spass, Freizeit, Vergnügen, Schauspiel, Freude, Erotik, Liebesaffären, Kinder, eigene Identität, Talente, Risiko, Lebensgestaltung, Kreativität, Eigenausdruck

6. Haus

Ich analysiere

Das **6. Haus** gehört zum Tierkreiszeichen **Jungfrau** und zu **Merkur** und **Chiron**. Es steht auf der unbewussten Ebene und der DU-Seite eines Horoskops. Beim 6. Haus geht es analog dem 4. und 5. Haus um die Seele, den Instinkt und die Ursubstanz.

Das **6. Haus** steht für deinen persönlichen Alltag, deine persönliche Einordnung in ein System – deinen **Arbeitsbereich**, deinen Tagesablauf aber auch dein analytisches und kritisches Denken. Demütig trägst du Sorge zu deiner körperlichen Gesundheit und legst hohen Wert auf Hygiene. Dein Arbeitsplatz sowie dein soziales Umfeld verlangen Beachtung und sollen so gestaltet werden, dass es deinem Wesen entspricht. Regelmässige, vorgegebene Abläufe von Prozessen bringen deinen Körper und deine Seele in Einklang. Dem 6. Haus werden auch die somatischen und psychosomatischen Reaktionen, Krankheiten und Leiden zugeordnet.

Bereiche, welche dem 6. Haus zugeordnet werden

Arbeitsbereich, Alltag, Tagesablauf, Analysieren, Ernährung, Gesundheit, Heilung, Krankheit, Pflege, Hygiene, Dienen, Körper und Seele in Einklang bringen, Demut, seinen Platz finden, Sorge, Schmerz, Verletzung

7. Haus

Ich trete in Beziehung zu

Das **7. Haus** gehört zum Tierkreiszeichen Waage und zur Venus. Es steht auf der bewussten Ebene und der DU-Seite eines Horoskops. Beim 7. Haus geht es um den Geist, das Denken und die Gemeinschaft.

An der Spitze des **7. Hauses** steht der **Deszendent (DC)**, genau gegenüber dem Aszendenten eines Horoskops. Auch dieser Punkt wird, wie der Aszendent, bestimmt durch den Zeitpunkt deiner Geburt, aber am westlichen Horizont, dem untergehenden Zeichen auf dem Zodiak (Tierkreis). Er zeigt deine privaten partnerschaftlichen Seiten. Der DC ist das «Nicht»-ICH.

Das **7. Haus** steht für deine persönliche Harmoniefindung in deinen Partnerschaften und deinen Beziehungen – also deinen **Beziehungs- und Kontaktbereich**, dein Gegenüber, das DU und die Begegnung mit deiner Umwelt. Dein Gegenüber wird dir dein Spiegel sein und dir deine unbewussten Seiten zeigen. Das **7. Haus** wird dir ab dem 36. Lebensjahr deine Erwartungen und Wünsche an Partnerschaften und Beziehungen aufdecken. Die Faszination und die Aufmerksamkeit, alles in der Umwelt und mit anderen wahrzunehmen, fordert dich genauso heraus wie der Umgang mit der Fülle, dem Auswählen und Aussortieren deiner Erkenntnisse daraus. Jede Art von Beziehungen, ob partnerschaftliche, freundschaftliche oder geschäftliche und jede Form des Zwischenmenschlichen werden hier von Bedeutung sein.

Bereiche, welche dem 7. Haus zugeordnet werden

Beziehungsbereich, Harmonie, Ehe, Partnerschaft, Du, Kontakte, Spiegel, Bezogenheit auf Andere, Beziehungen aller Art, Begegnung mit der Umwelt

8. Haus

Ich wandle

Das **8. Haus** gehört zum Tierkreiszeichen **Skorpion** und zu **Pluto**. Es steht wie das 7. Haus auf der bewussten Ebene und der DU-Seite eines Horoskops. Beim 8. Haus geht es um den Geist, das Denken und die Gemeinschaft.

Das **8. Haus** steht für deine persönliche Transformation und deine Wandlung – deinen **Wandlungsbereich**, deine Tiefgründigkeit, ausgelöst durch das Erleben von seelischem Schmerz und Machtlosigkeit. Es fordert dich auf, loszulassen. Es gibt Momente im Leben, da müssen Überzeugungen, geliebte Prinzipien, Werte oder feste Vorstellungen losgelassen werden – du musst es sterben lassen, damit tiefgründige Wandlung stattfinden darf. Du kommst nicht um die Auseinandersetzung mit Leben (Geburt) und Tod, Gewalt und Macht, Tabuthemen und Sexualität herum. Das Statusstreben, deine eigene Meinung und «deine» Prinzipien können hier geboren werden und auch sterben. Verlustangst gehört dazu.

Bereiche, welche dem 8. Haus zugeordnet werden

Wandlungsbereich, Tabuthemen, Verlust, Schmerz, Tod, Sterben und Werden, Unbewusstheit, Sexualität, Geburt, Loslassen, Transformation, seelischer Schmerz und Machtlosigkeit, Statusstreben, Wandlung, Prinzipien, Meinungen, Ohnmacht

9. Haus

Ich erkenne

Das **9. Haus** gehört zum Tierkreiszeichen **Schütze** und zum Planeten **Jupiter**. Es steht auf der bewussten Ebene und der DU-Seite eines Horoskops. Beim 9. Haus geht es um den Geist, das Denken und die Gemeinschaft analog dem 7. und 8. Haus.

Das **9. Haus** steht für deine persönliche Lebens-Bildung und dein höheres Verständnis – deinen **Erkenntnisbereich**, deinen geistigen Kontakt mit deiner Umwelt, dein höheres Ich. Deine Auseinandersetzungen mit Philosophien, Religionen, Glauben und deiner Weltanschauung gehören zu deiner inneren wie auch äusseren Reise, damit du dein Bewusstsein und dein Wissen erweitern kannst. Toleranz und geistiger Austausch über Erfahrungen mit der Aussenwelt fordern dich auf, deine eigene Meinung oder Lebensphilosophie zu bilden. Viel Wissen macht die Dinge spannend und Reisen in fremde Kulturen tragen zu deiner Horizont- und Bewusstseins-Erweiterung bei.

Bereiche, welche dem 9. Haus zugeordnet werden

Erkenntnisbereich, Bildung, Weltanschauung, Religionen, Glaube, innere und äussere Reise, ferne Länder, Ausland, Philosophie, Bewusstseinserweiterung, Lebens-Bildung, Sinnsuche, Horizonterweiterung, höheres Verständnis, Erkenntnis, eigene Meinung oder Lebensphilosophie bilden und weitergeben

10. Haus

Ich setze Ordnung und Massstäbe

Das **10. Haus** gehört zum Tierkreiszeichen **Steinbock** und zum Planeten **Saturn**. Es steht auf der bewussten Ebene und der ICH-Seite eines Horoskops. Beim 10. Haus geht es um die Wirklichkeit, das Sein und die Welt.

An der Spitze des **10. Hauses** steht der **MC (Medium Coeli)**, die Himmelsmitte, der höchstmögliche Gipfel, den du innerhalb deiner Lebenszeit erreichen kannst. Der **MC** ist der höchste Stand über dem Horizont der sichtbaren Himmelshalbkugel während deiner Geburt und symbolisiert deine gewordene Persönlichkeit. Er zeigt dein öffentliches Profil.

Das **10. Haus** steht für deine persönlichen Ziele in der Öffentlichkeit und im Beruf – deine **Berufung,** den **Öffentlichkeitsbereich**, nach Anerkennung strebend, deine gesellschaftliche Verwirklichung. Bringe deine kollektiven Normen und Vorschriften, deine Aufforderung nach gesellschaftlicher Anerkennung und Verwirklichung und dich als mitgestaltenden Teil in eine Welt ein. Mit deiner Karriere, deinem politischen Engagement oder deiner Vorbildrolle kannst du versuchen, den Zeitgeist mitzuformen und gleichzeitig zu üben, Verantwortung zu übernehmen und dadurch deine Autoritätsstellung in der Gesellschaft zu beziehen.

Bereiche, welche dem 10. Haus zugeordnet werden

Öffentlichkeitsbereich, Beruf, Berufung, kollektive Normen und Vorschriften, Verantwortung, gesellschaftliche Anerkennung, Autorität, Karriere, gesellschaftliche Verwirklichung, Zeitgeist, Traditionen, Erwachsen werden, Verantwortung übernehmen, Verantwortung,

11. Haus

Ich verändere wieder, ich rebelliere

Das **11. Haus** gehört zum Tierkreiszeichen **Wassermann** und zum Planeten **Uranus**. Es steht wie das **10. Haus** auf der bewussten Ebene und der ICH-Seite eines Horoskops. Beim 11. Haus geht es um die Wirklichkeit, das Sein und die Welt.

Es steht für deine Unabhängigkeit – deine Freiheit, deinen **Wahlfamilienbereich**, dein Individuum. Es geht gleichzeitig aber auch darum, ein Teil des grösseren Ganzen zu sein und deine prinzipiellen Widerstände loszulassen. Neues, Ideelles und Besonderes heben dich von der Norm ab. Im Kontakt zu Gleichgesinnten, Freunden und visionären Gruppierungen kannst du deine Eigenheiten leben und fühlst dich dabei möglichst ungebunden. Du kannst dich selbst sein, frei von Zwängen und Abhängigkeiten. Jeder kann so leben, wie es ihm lieb ist und sich frei machen von der Gesellschaft und den gängigen Wahrheiten.

Bereiche, welche dem 11. Haus zugeordnet werden

Wahlfamilienbereich, Freiheit, Gleichgesinnte, höhere Ideale, Visionen, Projekte, Gruppierungen, Team, Vereine, Unabhängigkeit, neue Gesellschaft, Freunde, Freundschaft, Gemeinschaft

12. Haus

Es ist vollbracht, ich bin EINS

Das **12. Haus** gehört zum Tierkreiszeichen **Fische** und zum Planeten **Neptun**. Es steht auf der bewussten Ebene und der ICH-Seite eines Horoskops. Beim 12. Haus geht es um die Wirklichkeit, das Sein und die Welt analog dem 10. und 11. Haus.

Das **12. Haus** steht für die Auflösung deines persönlichen ICH ins Eins-Sein – deine **Ablösung**, deine Sehnsucht nach dem verlorenen Paradies. Deine Traumwelt und deine Engelwelt lösen die Grenzen und das Egobedürfnis auf, damit du dich mit Rückzug und Meditation dem Grossen, der Spiritualität, dem Universum widmen kannst. Hier kannst du frei und grenzenlos sein, in die Traumwelt versinken und in die höchstmögliche Ebene aufsteigen, welche dein Verstand nicht mehr fassen kann und wo dein Ego im eigentlichen Sinne aufgelöst werden kann. Die Grenze zwischen dir und deiner Umwelt ist kaum mehr fassbar und du kannst dich leicht verirren.

Deine Hingabe und dein Mitgefühl gegenüber dem Universum zeigen sich in deinem Bedürfnis, allen und allem helfen zu wollen. Wir sind alle Eins.

Bereiche, welche dem 12. Haus zugeordnet werden

Rückzugsbereich, Paradies, Traumwelt, Sucht, Universum, Märchenwelt, Engelwelt, Unklares, ich EINS-sein, Verborgenes, dem Göttlichen, Himmel, Einsamkeit, Helfertätigkeit, Auflösung, Rückzug, Spitäler

Literaturverzeichnis:

Regina Casanova: LEBEN+ASTROLOGIE-SCHULE L.A.S. ®, Ausbildungsunterlagen zum Diplomierten Astrologen L.A.S.®.

Mario Kertscher: Das neue Astro-Medizin Buch, Das grosse Lehrbuch für Astrologie und Astro-Medizin

Ruediger Dahlke: Krankheit als Symbol, Handbuch der Psychosomatik und Integralmedizin

Reinhard Stengel: Dein Körper verstehen – Seelen heilen, Die Botschaft hinter Krankheiten

Hermann Meyer: Das Grundlagenwerk der psychologischen Astrologie – Erkenne deine Licht- und Schattenseiten und die deiner Mitmenschen

Dr. Francisco T. Verdú: Iridologia Practica Astr